幸福の科学　発足記念座談会

われ一人立つ。大川隆法　第一声

RYUHO OKAWA
大川隆法

1986年11月23日「幸福の科学発足《ほっそく》記念座談会」

「大川隆法第一声」となる法話《ほうわ》「幸福の科学発足にあたって」が東京都・日暮里酒販会館《にっぽりしゅはんかいかん》で開催。質疑応答も合わせて2時間半に及んだ(第1章、第2章所収)。

会場入り口に掲げられた看板。

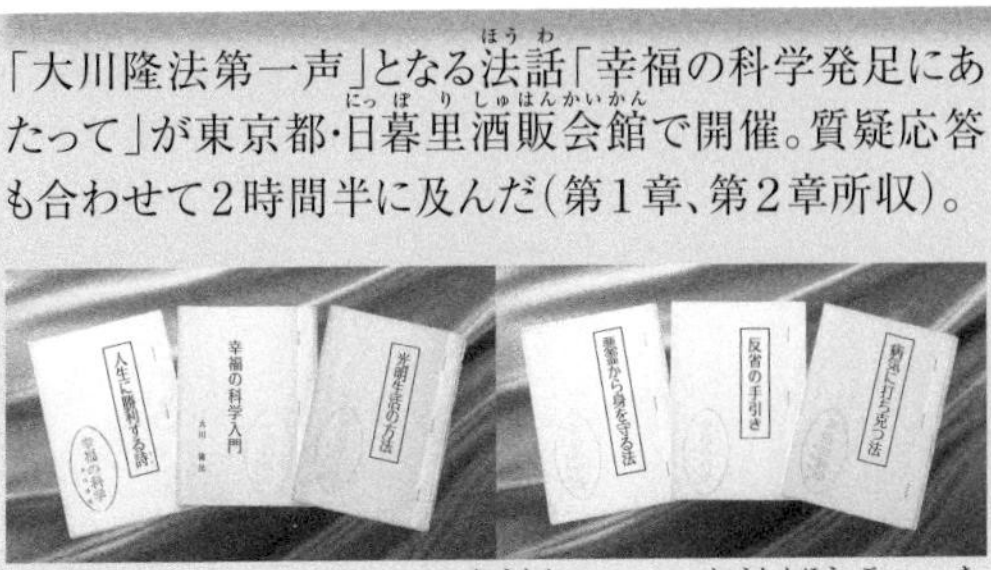

会場では、幸福の科学の経文《きょうもん》である『正心法語《しょうしんほうご》』『祈《き》願文《がんぶん》』のほか、上掲写真の著者書き下ろしの6種類の小冊子が頒布《はんぷ》された。

2010年4月4日「初転法輪《しょてんぼうりん》の決意を新たに」

第1回の説法《せっぽう》から24年。
同じ会場で説法に臨む
（本書 特別収録）。

24年前の状況を再現して掲げられた看板。

初転法輪記念館

「幸福の科学発足記念座談会」が開催された地は、当時の面影を残しつつ改修され、2010年に「初転法輪記念館」として落慶《らっけい》。「伝道の原点」を学ぶ聖地として、多くの信者が訪れている。

まえがき

本書は、宗教家としての私の第一声、いわゆる「初転法輪《しょてんぼうりん》」を収録したものである。

一九八六年十一月二十三日、満三十歳の私の説法は、今日現在、三千百八十九回説法している満六十四歳の私から見れば、内容面、技術面ともに未熟である。

しかし、この後、二千七百冊以上の書を発刊し、世界百十数カ国まで信者を増やしたことを考えると、何ものをも怖《おそ》れない勇気と、情熱と、努力とその継続があったことはまちがいない。

もはや歴史的記録であり、私個人のプライベートな記録とは言えないので、数々の批判を承知の上で公開することにした。

「われ一人立つ。」の気概《きがい》こそ、世界宗教・幸福の科学の出発点であった。私の人生は、日々の奇跡の連続であった。信じてついて来てくれた皆様に感謝をささげたい。

二〇二〇年　八月二十二日

幸福《こうふく》の科学《かがく》グループ創始者兼総裁《そうししゃけんそうさい》　大川隆法《おおかわりゅうほう》

われ一人立つ。大川隆法第一声　目次

まえがき　1

第1章　幸福の科学発足《ほっそく》にあたって

一九八六年十一月二十三日　説法《せっぽう》
東京都・日暮里《にっぽり》酒販会館《しゅはんかいかん》にて

3

地獄《じごく》霊からの邪魔《じゃま》にも負けず、商社勤務をやり抜《ぬ》いた「私の修行時代」　

4 教えの中身で勝負――「本物」として選ばれる自信 61

第2章　質疑応答

一九八六年十一月二十三日
東京都・日暮里酒販会館にて

Q3

Q10 睡眠《すいみん》中に霊はどこに行くのか

〈特別付録〉初転法輪《しょてんぽうりん》の決意を新たに

二〇一〇年四月四日　説法
東京都・幸福の科学　初転法輪記念館にて

2

第1章

幸福の科学発足《ほっそく》にあたって

一九八六年十一月二十三日　説法《せっぽう》
東京都・日暮里《にっぽり》酒販会館《しゅはんかいかん》にて

1　三十歳《さい》にして立つ――「大川隆法第一声」

みなさん、こんにちは（会場「こんにちは」〔拍手《はくしゅ》〕）。

本日は、わざわざ遠い所からお出《い》でになった方もずいぶんいると聞いています。九州、あるいは北海道から、馳《は》せ参じてくださった方もいらっしゃると伺《うかが》っております。

私どもは、去年（一九八五年）のちょうど七月の末ごろから、霊言集《れいげんしゅう》というものを世に問い始めました。そして、通常であれば、「『日蓮聖人《にちれんしょうにん》の霊言』を出したところで、何かの会合をやって、みなさんとお話をする」というのが普通《ふつう》のパターンであろうかと思います。

けれども、私たちは先を目指していて、この「先」というのがたいへん遠いところまで目指しているために、「まず基礎《きそ》を固める。基礎固めをしてから、みなさまとお会いしたい」と考えたわけなのです。

現在まで一年余り、数百通のお手紙を頂いていましたけれども、残念ながら、私たちは世に出ずにいました。

しかし、いろいろな方々のご協力を得て、現在、予定より早く、十一月という時期に、みなさんの前でお話ができるようになったことを、私もみなさんと一緒《いっしょ》に、天上界《てんじょうかい》の方々にお礼を申し上げたいと思います。

さて、いろいろと話したいことは多いのですけれども、簡単に、「幸福の科学の目指すところ」や、「その最初の起こり」から話していきたいと思います。

これから、何十回、何百回と講演会もやるでしょうから、「法の全体像」については、いろいろな角度でお話をしていくつもりですけれども、第一回の話はもう二度とありませんので、この最初の話において、そもそものことを多少かいつまんでお話ししたいと思います。

このあと、「質疑応答」の時間を一時間、あるいは一時間以上取ってありますので、みなさん、疑問に思われたことをどんどん質問してください。それに関して、お答えしたいと思います（本書第2章参照）。

2　大悟《たいご》——私に臨《のぞ》んだ高級霊《こうきゅうれい》からの通信

法律等が専門で宗教は専門外だった私が、本格的に霊道《れいどう》を開く

まず、「どのようなことから起こったか」というところから、お話ししたいと思います。

ちょうど、今から五年八カ月前になりましょうか。一九八一年三月二十三日です。ちょうど月曜日だったと記憶《きおく》しております。そのときに、私は初めて本格的に、いわゆる「霊道《れいどう》」というものを開いたわけなのです。

それ以前にも、一九八一年の一月ごろから、すでにさまざまな霊的な現象が私の周りに起き始めていましたけれども、私自身は、まだ、「こうした道に本格的に入っていく」ということを、まったく考えておりませんでした。

また、書物の説明を見ればお分かりのように、私の専門は、決して「宗教」ではありません。私は、仏教を本格的に学んだことも、キリスト教を学んだこともありませんし、儒教《じゅきょう》も道教も教養程度にしか知らないのです。

私の専門は何かといいますと、「法律」です。いわゆる「正法《しょうほう》」ではなくて「六法《ろっぽう》」なのです。「憲法」「民法」「刑法《けいほう》」、それから、お金儲《かねもう》けのほうの「商法」、それから、「民事訴訟法《そしょうほう》」「刑事訴訟法」「労働法」、こういうものについては、任せておいてくだされば、たいていのことはお答えできるのですが、「正法」のほうは何も知らなかったのです。

それから、「政治学」です。大学での私の専攻《せんこう》は何かといいますと、「ヨーロッパ政治史」です。ですから、ヨーロッパの政治理論のことは詳《くわ》しいのです。けれども、こうした「法」のことは何も知りません。

また、会社に入ってからは、いわゆる総合商社というところに勤めていたわけですけれども、そこでの私の専門は「国際経済」で、いわゆる「国際金融論《きんゆうろん》」です。

今日《こんにち》、「外国為替《かわせ》」ということでは、いろいろと言われています。「円高」だとか、「円高不況《ふきょう》」だとか、そういうことが言われていますけれども、まさしく、「外国為替」は会社へ入ってからの私の専門であり、およそ、昔の「修行《しゅぎょう》」ということに関しては、まったく畑違《はたけちが》いの歩みでありました。

山のなかで籠《こ》もったこともなければ、滝《たき》に打たれたこともありません。一度もありません。坐禅《ざぜん》をしたことも、一度もありません。

ただ、霊的現象に見舞《みま》われたころには、やはり、心が多少、宗教的なほうに向いていたのでしょうか。反省は多少したように思います。

これは、ほかのときに話をいたします。

「円高」を予知し続け、霊的《れいてき》能力が実証されてきた商社時代

そういうことで、私の専門は「国際金融」です。ですから、今年の七月十五日まで、商社で為替をやっていたわけでして、為替のディーリング、輸出入業務、資金

業務が専門です。

しかし、会社のなかでは、私がこういう霊言集《れいげんしゅう》を出していることを誰《だれ》も知らなかったのです。そして、私が霊的能力を持っていることも、誰も知りませんでした。

・円安と読む専門家の予想に反し、数カ月後の円高の様子を次々と当てる

去年の夏ごろには、一ドルが二百四十八円ぐらいでしたでしょうか。このくらいだったのですけれども、このころ、専門家たちは、「円高はこのへんで止まりで、もうすぐ一ドル三百円ぐらいまで行くのではないか」とか、「円安のほうへ向かうだろう」とか、いろいろなことを言っていました。

私は去年の八月に予言しました。「今年の十一月、円は一ドル二百二十円ぐらいまで行くでしょう」と。すると、九月には円は二百二十円を切り、二百十八円ぐらいまで行きました。

去年の十一月、予言しました。「来年一月には、さらに円高が進み、二百円を切

るでしょう」と。すると、今年の一月、一ドルは百九十六円ぐらいになりました。一ドルが百九十六円のとき、私は、「今年の三月中旬《ちゅうじゅん》に、一ドルは百八十円を切るでしょう」と言いました。すると、三月十日ごろには、一ドルは百七十六円ぐらいになりました。

そのとき、私は、「今年の半《なか》ば、夏ごろには、一ドルは百五十円台になるでしょう。あるいは百六十円まで行くでしょう」と言いました。すると、そのとおりになりました。

・予知能力を少し使いながらの会社勤めが〝いちばんの修行《しゅぎょう》であった〟

こういうことは、いろいろ分かるのですけれども、誰も、「なぜ分かるか」が分からないのです。

私の個人的な知り合いには、「どちらに行くか分からないから、もう、おまえの言うことを信用して、そのままやってしまう」と言って為替の予約をし、一億円、二億円を儲けた人がいますが、「なぜ儲かったか」は分かっていません。

そういうことで、本当は、予知能力というものがあれば、こういう先のことが分かるのです。ただ、それが分かってしまうと、私は会社にいられません。これで非常にジレンマがあったわけです。

ですから、そういうことを少し使いながらも、普通《ふつう》の人間の生活をしていたのです。

一九八一年の三月二十三日に霊道を開いて以来、今まで実に五年八カ月、会社勤めだと五年半になりますけれども、この間《かん》、「修行《しゅぎょう》」といえば、これが〝いちばんの修行であった〟と思うのです。

イエス・キリストが、もう一九八一年に出てきたのです。イエスと話をして、それから五年半も会社に勤めているというのは、これは普通の神経ではいられないと思います。そうだろうと思うのです。

一九八一年三月二十三日、自動書記で「イイシラセ」と書き続ける

最初に私のところへ訪ねてきたのは、日興上人《にっこうしょうにん》という方で、一九八一年三月二十三日です。「日《ひ》」が「興《おこ》る」と書きます。「興す」というのは、「法を興す」の「興す」です。日興上人という方ですが、この方が最初に私のところを訪ねてきました。ちょうど、今日のような、うららかな日でした。三月二十三日ですから、「春分」のあたりであったと思います。月曜日の午後に、私はのんびりと何もしないで、座椅子《ざいす》にかけて音楽を聴《き》いていたわけです。

そして、三時ごろになりましたでしょうか。何か心のなかがそわそわとしてきたのです。何かそわそわとしてきて、「何かが私に何かを伝えようとしている」ということが分かったのです。そういう感じがしました。

何か胸の内から伝えるものがある。けれども、これが何か分からない。「何か霊的なものだ」ということは、はっきりと分かったわけです。

そのときには、まだ宗教の専門家でもないし、何も分かりませんでしたが、とにかく何かを伝えたい人がいることを感じたので、とりあえず、身の回りにあるものを探したわけです。

白いカードが百枚ぐらいあったので、それを取り寄せました。そうすると、次に鉛筆《えんぴつ》を持ちたくなったのです。何か分からないけれども鉛筆を持ちたくなって、鉛筆を持ちました。

カードを目の前に置いて鉛筆を持つと、手が動いていくのです。そして、カードの上で鉛筆が走り出したわけです。

何を書いているかというと、カタカナで「イイシラセ」「イイシラセ」と書いてあるのです。

「イイシラセは分かったから、何を知らせるのか言ってみなさい」と私が言っても、次のページをめくると、また「イイシラセ」と書くのです。三枚目を書きましたが、やはり「イイシラセ」です。何枚でも「イイシラセ」と書くのです。

私は、とうとう根《こん》が尽《つ》きて、「もうイイシラセはいいから、あなた、誰なのか名乗ってみなさい。誰かが来ているのは分かっている。霊的なものがあるのも私は知っている。だから、あなたが霊であることは分かっている。自動書記で書いているのも分かっている。だから、誰なのか、名前をはっきり言いなさい」と、そのとき、そのように言ったわけです。

そうすると、最後に署名《しょめい》しました。カードの十枚目ぐらいです。「イイシラセ」ばかり、さんざん書いてきて、最後にカタカナで「ニッコウ」と書いたわけです。

日蓮聖人《にちれんしょうにん》から臨《のぞ》んだ「人を愛し、人を生かし、人を許せ」という言葉

・日蓮の弟子《でし》の通信を受け、最初は「自分の過去世《かこぜ》」が日蓮だと思う

ただ、「ニッコウ」というのは、私は全然分からなかったのです。華厳《けごん》の滝（栃《とち》木《ぎ》県日光《にっこう》市）は知っていますけれども（会場笑）、「ニッコウ」というのは誰かなと

思って、よく考えてみました。そうすると、「日光菩薩《ぼさつ》」とか、「月光菩薩《げっこう》」か「月《がっ》光菩薩《こう》」か知らないけれども、奈良《なら》かどこかにある、あの類《たぐい》かなと思ったわけです。

それで、手近に『広辞苑《こうじえん》』があったので、辞書を引いて、「ニッコウ」というところを開いて調べたわけです。そうすると、日光菩薩もあったけれども、そうではなくて、どうやら、日蓮《にちれん》の弟子《でし》で、「日興上人」という方がいたようなのです。「日《に》向《こう》」という方も、もう一人いますけれども、日興という方がいて、「これか」と思ったわけです。そして、そういう方が出てきたので、てっきり、「これは日蓮宗系だな」と私は思ったのです。

「日蓮宗」というと、「創価学会《そうかがっかい》だ」と、すぐ思うでしょう。みなさんのなかには創価学会の方もいらっしゃるかもしれませんから、批判は言いたくないのですが、「創価学会」というと、それほどよいイメージは持っていなかったのです。それで、「創価学会か。それは困った。過去世《かこぜ》で日蓮宗でもやっていたのかな」と思ったわけです。

そして、最初は日興でしたが、そのうち、「日頂《にっちょう》」と名乗る方からも最初に通信があったのです。ところが、この人は、本当は日頂ではありませんでした。日頂というのは、日蓮六老僧《ろくろうそう》の一人なのですけれども、最初は、そういう名前を言って通信してきた霊がありました。日頂も、日蓮の本を読んで調べてみると、「六老僧」とあって、「日朗《にちろう》、日持《にちじ》、日興、日向、日頂、日昭《にっしょう》」と、いろいろいます。六人いたわけです。それで、「このなかの一人らしいな」ということが、私は調べて初めて分かったのです。

日興上人が出て、日頂が出たので、「私は誰かな」と考えました。「もしかして、日蓮聖人《しょうにん》その人かな」と最初は思ったわけです。こういうふうに、日蓮宗の人が出てくるから、「もしかしたら、その人かな」と。そのわりには、他団体等で、「地獄《じごく》に堕《お》ちた」などと言われたこともあったりして（笑）（会場笑）、ずいぶんひどいことをやっていると思われていたようですから、「困ったな」などと思っていたわけです。

・私の教えの出発点となった三箇条《かじょう》

ところが、その日頂という人としばらく話していると、「違うな」と分かったのです。しばらくすると、「これは違う。日蓮だ」ということが分かったわけです。そして、「そのとおり」ということでした。それは、一、二週間もたってからでした。

最初から「日蓮だ」と言うと、誰も信用しないわけです。「日蓮聖人が通信した」などと言っても、誰も信じないでしょう。私が精神病院に行っているほうが早いかもしれません。ですから、言わなかったわけです。日蓮の弟子というかたちで、まず入ってきたわけです。

そして、その日蓮が、最初に私に教えてくれたことが、「あなたは、まずこれを教えの出発点にしなさい。それは何かというと、『人を愛し、人を生かし、人を許せ』。この三つ、この三箇《か》条《じょう》の教えが、あなたの出発点にたぶんなるでしょう」ということを言われたわけです。今から五年八カ月前です（説法《せっぽう》当時）。

3 地獄霊《じごくれい》からの邪魔《じゃま》にも負けず、商社勤務をやり抜《ぬ》いた「私の修行《しゅぎょう》時代」

「教え」と「現実」のギャップに苦しんだ新入社員時代

ところが、私は、商社で、まだ新米《しんまい》でウロウロしていました。「人を愛し、人を生かし、人を許せ」と言われて、「うん、なるほど。それは正しいことだ」と思いましたが、新入社員あたりで、「人を許そう」などと思っていると、「この野郎《やろう》、生意気《なまいき》だ」などと言われて、さんざん先輩《せんぱい》から怒《おこ》られたりします。「『人を愛する』。何を言っているんだ。まだ、女の子でも愛していなさい」などと言われてしまって、全然駄目《だめ》なわけです。「〝人を生かす〟など十年早い」ということです。「人を生かす」などというのは、課長にでもなってから言うのならいいでしょう。

そういうことで、教えは分かったものの、実践《じっせん》になると、全然できないわけです。そして、「私はこういうことを少し悟《さと》ったから、これを毎日の生活で生かしたい」と思ったのですが、それをやろうとすれば、「何様だと思っているんだ。あなたね、どこか仏様か神様みたいな顔をして、どんなつもりでいるの」というようなものです。「入社して一年目、二年目というのは、こんなのはもう〝ペーペー〟だよ。もう紙屑《かみくず》みたいなものだ。丸めてゴミ箱に捨てれば、それで終わりだ」という感じで言われていました。

もちろん、そうでしょう。まさか、日蓮聖人《にちれんしょうにん》が出てきて話をしているような人が、後輩にいるとは思わないはずです。もう、そんなことを言ったら大変なことになります。「何かおかしいのが一人入ってきたから、早めに会社の専門医か何かに回すほうがいい」と言われるのは間違《まちが》いありませんから、絶対に言えません。

相手の考えが分かり、憑依霊《ひょういれい》が視《み》えながらも、六年近く会社生活を送る

・霊視《れいし》能力によって「憑依霊」が視えてしまう苦しさ

こういうことで、私は、〝修行《しゅぎょう》〟というものは行いませんでしたけれども、会社のなかに入って、六年近く、そういう状態でやっていたということが、〝一つの修行であった〟と思うのです。

それで、困ったことがいろいろあるのです。会社のなかですから、いろいろな方と一緒《いっしょ》に座《すわ》っています。隣《となり》の方もいるし、前の女性とか、いろいろと座っています。座っていると、仕事をしているのですが、何か、相手の考えていることが、どんどんどん伝わってくるのです。「この人、悪いことを考えているな」などと、すぐに分かってしまうわけです。「何か、いろいろと言っているな」とか、「よく思っていないな」とか、いろいろと分かってきます。

ただ、それはまだいいのです。そのくらいはまだよいのです。心のなかが分かるぐらい、どうでもいいのです。

もっと悪いのは、もう、その人に〝お客さん〟で来ている人が視《み》えてしまうことです。パッと視ると、「動物が、なぜこんなところにいたのかな」と思うのですが、「よく視たら人間だった」と。視ていたのは、その人ではなくて、その人の後ろに、ちょこんと座っている人なのです。ちょこんと座っている〝お狐《きつね》さん〟などは、よくいます。

こういうものが、チョッと肩《かた》の上に手を置いて、尻尾《しっぽ》をユサユサッと振《ふ》っていると、これはたまったものではないわけです。こういう霊視《れいし》能力というのは、とんでもないです。こんなものが視えていたのでは、もう地獄《じごく》です。

・自分を騙《だま》そうとする相手の考えに、思わず笑ってしまって苦労した

最初のころは、そういう事務仕事をやっていたのですが、三年、四年、五年となって年が重なってくると、少し偉《えら》くなって、後輩が入ってくるものですから、「少し判断的な業務もやらせてやるか」「少し折衝《せっしょう》業務もやらせてやるか」ということで、人と会って交渉《こうしょう》をするような仕事をだんだんやるようになりました。

会社では、財務関係でしたから、銀行の方とよく会っていたわけです。銀行の次長や支店長など、いろいろな方が来て、応接間へ入れて、「まあ、どうぞ」などと言って話しているのですが、このときに、やはり困るのです。

相手の考えていることが、みんな分かってしまうのです。「こいつは、どうも、若いから分からんみたいだな。ちょっと引っ掛《か》けて、金を高く貸してやろうか」などと思っているのです。分かってしまうのです（会場笑）。

それで、クスクス笑っていると、「何を笑っているんですか」と言われるので、「ちょっと、お腹《なか》が痒《かゆ》くって」などと言いながらやっているわけです（会場笑）。相手の考えていることが分かってしまうのです。

交渉《こうしょう》中に、相手の憑依霊《ひょういれい》とも話さざるをえない状況《じょうきょう》を切り抜《ぬ》けてきた

・銀行の外回りの方で、商談を断られた人には〝お客さん〟が憑《つ》いていた

それから、外回りしている銀行の方などは、得意先回りをして、六件ぐらい回ってきて、いろいろなところへ行って、みな断られて、夕方四時に私のところに来ることがありました。そして、「疲《つか》れた」と思って、コーヒーか何かを出されて、一杯《ぱい》飲みながら、「ああ、疲れた」と言って、どっかりと座っているわけです。

私は、その人を視て、「今日、六件回って断られましたね」と言おうかなと思ったのですが、「言ってはいけないな」と思って、「お疲れのようですね」などと言うと、「そうなんですよ」と言っていました。

そして、断られて帰ってきた方というのは、視てみると、やはり、〝お客さん〟を連れているわけです。そういう心の状態のときには、もう〝お客さん〟が来てい

るわけです。

一方、私も生身《なまみ》の人間なので、会社で仕事をして、午後の三時にもなると帰りたくなります。三時を過ぎて四時にもなれば、どうしようもなく、こちらも疲れています。そして、向こうも〝つかれ〟ています。向こうが「つかれている」というのは、「憑《つ》いている」ということで、字が違います。「憑依《ひょうい》」のほうです（笑）（会場笑）。あちらは憑かれているわけです。

それで、話していると、変なものが憑いていると、何か、私も調子が悪くなるわけです。そのため、下をうつむいてしまったりすると、「どうして私を見てくれないのですか」などと言われ、「ちょっと、何か疲れてしまって」（会場笑）などと言っているうちに、憑いている人が、今度はまた話しかけてきたりします。

それで、上《うわ》の空で話していて、後ろに憑いている人と話をしているものですから、「何を話しているんですか？」などと言われて（会場笑）、「ちょっと独《ひと》り言の癖《くせ》があるんです。私は、大事な交渉《こうしょう》をするときには、そういう癖があるものですから、気にしないでください。少し考えていたことがあるものですから」などと答えるようなことが出てきます。

・会社勤めをしていても霊的《れいてき》な経験があるとつらいもの

あるいは、初めて会う人でも、名刺《めいし》を頂ければ、「ちょっと待っていてください」と言って、会わずに名刺を見ていて、その人の守護霊《しゅごれい》を呼んで話をすれば、その人はどういう人か、全部分かってしまうのです。ですから、こういうことを悪用しようとすれば、いくらでもできます。

私などは、今、「幸福の科学」がもし潰《つぶ》れても、おそらく、街頭《がいとう》で易者《えきしゃ》をやっても食べていけると思うのです（会場笑）。ですから、安心しているのです。

会社を辞《や》めたので収入は全然入ってこないし、もう死んでしまうのではないかと思っていたのですが、「最後には易者をやってでも食っていけるな」と思って、もう安心してしまって、「失業保険等をもらおうかな」と思っていたら、天上界《てんじょうかい》の霊《れい》人《じん》が、「失業保険をもらうことは相成《あいな》らん！」と言うわけです（会場笑）。

「なぜ、もらってはいけないのですか。私は、毎月、何千円か払《はら》っていましたよ。失業したときのために、ちゃんと積み立てをしていたのですから、もらっても、全然悪くないでしょう」と言ったら、「いけない！　もらってはいけない。そんなさもしい心では、人々を導けない！　飢《う》え死にするまでは、お金をもらってはならない」と言うので、私は、この七月以降、もう三、四カ月、ひもじい思いをして、「いつ貯金が尽《つ》きるか」と思っていたのですが、いろいろな方の協力で、もちろん飢え死にはしていません。

そういうことで、会社勤めをしていても、霊的な経験がいろいろあると、けっこうつらいものです。

心の状態しだいで狐《きつね》にも蛇《へび》にもなるという地獄霊《じごくれい》の実態を発見する

・畜生道《ちくしょうどう》に堕《お》ちた人間霊である「犬神」に憑《つ》かれている上司がいた

このなかにも、霊感《れいかん》を持っておられる方はいらっしゃるはずです。また、霊的な現象もいろいろと起きているはずです。

霊感といっても、よいものがそんなに霊感をくれるわけがないので、よくない霊感のほうが多いでしょう。そういう、いわゆる「霊媒体質《れいばいたいしつ》」というかたちになって、日常生活をやっていて大変な方も、おそらくいらっしゃると思うのです。「体の調子が悪いな」などと言っているかもしれません。

それでも、毎日会っている人の後ろに憑《つ》いているものがいろいろ視えたり、考えていることが分かったりするよりは、ましではないでしょうか。

例えば、私が会社に入ったころ、上司がちょうど〝面白《おもしろ》いもの〟に憑かれていました。それは、関西のほう、特に四国のほうなどで言われる、「犬神」というものです。「犬神」というのは犬の霊なのですが、犬といっても、本当は犬ではありません。犬の格好をしているだけで、本当は畜生道《ちくしょうどう》に堕《お》ちた人間霊なのです。

・あの世では生きていたときの心の傾向《けいこう》に合った姿に変わる

人間は地獄《じごく》に堕ちることもありますが、地獄のなかにもいろいろな地獄があって、いちばん有名なのは「色情《しきじょう》地獄」でしょう。こういうものも有名で、みなさんのなかには、そのなかに足を入れかけている人もいるかもしれません。あるいは、「畜生道」もあります。「動物界」などともいいますが、こういう地獄もあります。

こういうところに堕ちると、人間はどうなるかというと、やはり、生きていたときの心の傾向《けいこう》に合わせたかたちに、だんだん体が変わってくるのです。霊というのは、一定不変のものではなくて、自由自在に変わります。心の状態しだいで変わっていって、よい心を持てば、もちろん如来《にょらい》・菩薩《ぼさつ》のようになるし、悪い心を持てば、動物のようになっていくのです。

実際、人間は、狐《きつね》に生まれたり、犬に生まれたりは、めったにするものではないのです。ただ、心の状態がそういう状態なので、あの世に還《かえ》ってからは、地獄のなかで、そういうかたちを取ることがあるわけです。

こういった霊が地上に出てきて、生きている人間に憑依をし、憑いているわけです。これを巷《ちまた》の霊能者たちは霊視して、「ああ、狐が憑いている」とか、「狸《たぬき》が憑いている」とか、「蛇《へび》が憑いている」とか言います。しかし、本当は蛇ではないのです。憑いているのは人間なのです。

人間なのですが、畜生道に堕ちて、蛇のような格好になっているわけです。それで、百年も二百年も蛇をやっているうちに、自分を蛇だと思い込《こ》んでしまい、本当に蛇だと思って、一生懸命《いっしょうけんめい》巻きついているわけです。蛇だと思っているのですが、本当は蛇ではないのです。

・人間の霊《れい》は動物の姿になってもいろいろな話ができる

それが蛇ではない証拠《しょうこ》に、霊道《れいどう》現象をやると、ちゃんと日本語をしゃべるのです。本来、蛇がしゃべるわけがありません。狐もしゃべらないです。犬もしゃべりません。しゃべるということは、人間なのです。

ところが、二百年も三百年も狐をやっていると、狐のような気持ちになっていて、「出てきなさい」と言うと、「コンコン」などと言って出てきます（会場笑）。「コンコン、コンコン」と言うのですが、「あなた、本当の名前を言いなさい」と言うと、少し言い始めたりします。

そこで、「日本語をしゃべっているではないか。本当は人間なのでしょう?」と訊《き》いたら、そのとおりなのです。本当は人間なのです。

もちろん、純然たる動物霊というのもいます。純然たる動物霊もいるのですが、動物霊は、やはり話はできません。「自動書記」でやっても、せいぜい、「○《マル》」や

「×《バツ》」を書くぐらいです。「おまえは犬か?」「×」、「狐か?」「○」、「油揚《あぶらあ》げが食べたいか?」「○」など、動物霊にできるのは、この程度です。本格的にいろいろ話をするのはやはり人間なのです。

・普通《ふつう》の霊能者《れいのうしゃ》には「人間霊」と「動物霊」の区別がなかなか分からない

しかし、普通《ふつう》の霊能者《れいのうしゃ》には、それがなかなか分からないのです。例えば、狐なら狐の霊が視えても、それをもう少しジーッと視ていると、その姿が人間に視えてくるわけです。そして、もっともっと視ると、「ああ、四百年ぐらい前に、この人は、こういうことをして死んだ人だな」と、ここまで分かるのです。ところが、これが分からないから、いろいろな宗教を回ると、「狐が憑いている」「蛇が憑いている」と言われているわけです。でも、本当はそうではありません。

本当は、たいていの場合は人間霊です。

純然たる動物霊というのは、大したことはありません。かわいいものです。自分のところで飼っている犬が地獄に堕ちたところで、それほど悪いことはできません。せいぜい、くっついて体の調子が悪くなるぐらいです。本当に悪いのは人間のほうなのです。

地獄霊《じごくれい》の「憑依《ひょうい》の理由」を見抜《みぬ》き、「魔王《まおう》の正体」を見破る

・普通《ふつう》の地獄霊は苦しくて助けてほしがる

では、なぜ、そうした地獄霊《じごくれい》たちは、この世に出てきて、生きている人間に憑依《ひょうい》して、彼らを苦しめるようなことをするのでしょうか。

これは、私の書物を読んで、すでに学んでいる方もいらっしゃるでしょうけれども、地獄というのは、はっきり言って、居心地《いごこち》のよいところではないのです。ご経験のある人はあまりいないでしょうけれども、これから、将来、ご経験になる方もいらっしゃるかもしれませんので、早めに言っておきますと、あまりよいところで

はありません。そして、はっきり言って、明るいところではありません。薄暗《うすぐら》いところです。

出てくる地獄霊に話しかけてみます。

「あなたは偉いと思っているの？」と言うと、「偉い！」などと威張《いば》っています。「それで、居心地はいいですか？」と訊くと、「うん、非常に快適だ」と答えるのですが、「あなたの快適な所というのは真っ暗でしょう？」「うん、そうだ」、「寒いでしょう？」「うん、そうだ」、「苦しいでしょう？」「そのとおりだ」、「それで快適なんですか？」「まあ、考えてみりゃあ、快適じゃないかなあ」などと、いろいろおっしゃいます（会場笑）。

要するに、負け惜《お》しみを言っているのです。

特に、地獄霊でも、普通《ふつう》の〝良心的な〟地獄霊、良心的と言ったら変ですが、心のなかで、よいところと悪いところを比べたら、悪いところがちょっとだけ多くて、残念ながら失敗しましたという人は、それほどあくどいことをやりません。出てきても、「助けてください。助けてください、苦しいんです」と、このように来ます。

・「魔王《まおう》」や「サタン」は苦しいとは言わずに偉《えら》そうなことを言う

それがもっと悪くなってきて、五百年、千年と地獄にいて、そこで居座ってしまっている人には、もう出られないのが決まっているので、せいぜい、悪いことをして威張ってやろうということで、新参者《しんざんもの》の地獄霊をかどわかして、言うことをきかせるようなことをする者もいます。そういう「魔王《まおう》」という者がいます。あるいは、「サタン」などもいます。

こういう者になってくると、もっと巧妙《こうみょう》です。本当は苦しいのですが、「苦しい」なんて一言《ひとこと》も言わずに、いろいろと偉《えら》そうなことを言っているわけです。

新興宗教等は、現在、日本にも、おそらく何万、何十万とあるはずです。そのなかで、光の天使が指導しているというのは、おそらく少ないと思います。私は、「いない」とは言いません。ほかにも出るはずですから、いるはずです。ただ、少ないと思います。

そして、こういうところで、魔王やサタンの類《たぐい》は、指導しているというのか分かりませんが、いろいろ言っているわけです。ところで、こうした魔王とかサタンの類は、たいてい、過去世《かこぜ》で宗教家をやったことがある人が多いのです。例えば、「真言密教《しんごんみっきょう》をやって法力《ほうりき》をつけている」とか、こんなのがたくさんいるわけです。

こういうものが、指導霊の顔をして、「光の天使だ」と言って語りかけてくると、たいていの霊能者はコロッと参《まい》ってしまうのです。よく知っているわけです。あまりにもいろいろなことをよく知っていて、そして、法力まであるのです。

・過去世《かこぜ》で密教《みっきょう》の行者《ぎょうじゃ》だった「地獄《じごく》の蛇《へび》の霊《れい》」の親玉のような存在

具体的な名前を言ってはいけませんが、京都のほうで、火を焚《た》いたりして、念力《ねんりき》でやっている密教《みっきょう》があります。このなかに、もし、そこの方がいたら申し訳ないのですが、念力でどうこう言って、やっているところがあります。

もちろん、やっている教祖本人は、この法力を見て、「絶対、間違いない」と思っているのでしょう。

ところが、その正体は何かというと、私のところによく〝遊び〟に来ているものです。その正体を見破ったら、終わりなのです。見破れないから、やっていられるのです。見破ったら、もう終わりです。

この団体でいう〝龍神《りゅうじん》などというもの〟は、指導神とか、守護霊《しゅごれい》とかにはなりません。〝龍神〟と言っているのは、たいていは「地獄《じごく》の蛇《へび》の霊」の親玉のようなものです。たいてい、こういうものがやっています。彼らの特徴《とくちょう》は何かというと、やたら奇跡《きせき》を起こしたがるということです。

また、正体は、過去世《かこぜ》で密教の行者《ぎょうじゃ》など、そういうのをやっていた者ですから、本当に法力は持っているのです。ですから、法力は本当なのです。いろいろなことを起こせます。

法力《ほうりき》や言葉に騙《だま》されず、教えの正しさや実践《じっせん》の裏付けがあるかを見る

しかし、その法力《ほうりき》にコロッと参ってはいけないのです。いろいろな現象をこれから見るでしょうし、そうした霊能者と話をすることもあるでしょうけれども、こういった法力だけでコロッと参ってはいけません。「火のなかに龍が出てきた」とか、そんなもので参ってはいけないのです。

やはり、彼らの説いていることのなかに、正しい教えがあるかどうか。こういうことです。

それから、言葉だけで、「愛」とか「慈悲《じひ》」とか言うところはたくさんあります。例えば、「慈悲と愛出版社」などというところがあります。表面だけは、「愛と慈悲」を一生懸命説いているらしいけれども、なかを読んだら、全然、「愛と慈悲」がないのです。書いていることを見れば、人の悪口ばかり書いてあります。「誰《だれ》それは、地獄へ堕ちた」とか、「消滅した」とか、そんなことばかり書いています。

こんなものが普通であるわけはないのです。

ですから、もちろん法力だけに頼《たよ》ってもいけないし、法力だけでも本物ではありません。

それから、「愛」とか「慈悲」とか、そういう言葉だけに騙《だま》されてもいけないのです。

「愛」を説く人には、その愛の実践《じっせん》があるかどうか。「愛」という言葉に裏付けがあるかどうか。愛を説いて、その奥《おく》に、「いったいどうせよ」と言っているのか。それを考えなければいけません。

4　教えの中身で勝負――「本物」として選ばれる自信

他宗排撃《はいげき》をしなくとも、本物の宗教は認められていくものである

私どもも、基本的な方針としては、●他宗排撃《はいげき》は原則やらない方針でやっています。なぜなら、「合っている」とか「間違《まちが》っている」とかいうことを言い合うというのは、だいたい同じ土俵《どひょう》の上で相撲《すもう》を取っているからです。「おまえのところは間違っている」とか、「いや、間違っていない」などと議論し合うのは、だいたい同じ土俵の上にいるからなのです。土俵が同じだから、「相手に負けるんじゃないか」と思って、一生懸命《いっしょうけんめい》に悪口を言わなければいけなくなるのです。

今、言ったところ以外にも、他宗の悪口を言ったり、恩師の悪口を言ったりしている人はたくさんいるはずです。なぜ、そういうことを言うか。

●他宗排撃は……　現在、幸福の科学では、仏法真理《ぶっぽうしんり》の観点から善悪の価値判断を行い、宗教の正邪のみならず、思想、歴史、教育、政治、経済、科学、芸能等、あらゆる分野において間違いを正す姿勢を持っている。『正義の法』『伝道の法』（共に幸福の科学出版刊）等参照。

結局、互角《ごかく》に、まともに、土俵の上で相撲を取ったら負けるんじゃないかという気持ちがあるのです。「本当は、負けるんじゃないか」と思うから、「とにかく、相撲を取る前に相手に塩を打ちつけて、目くらましか何かで相手が怯《ひる》んだ隙《すき》に、土俵の外へ押《お》し出してやろうか」などと思っているのです。

ただ、本物というのは、やはり、それほど他宗の批判をしなくても、人は認めてくれるものです。私はそう思います。

教えを学んで光が強くなれば、闇《やみ》はだんだん消えていく

昨日《きのう》も、愛知県の名古屋《なごや》のほうのある人から手紙が来て、「私は、長い間、〇〇文明教団でやっていました。同志もたくさんおりました。ここの教祖が、今、あの世でどうなっているか教えてください。本当に光の指導霊《しどうれい》の指導を受けているのかどうか、教えてください」と、こういう問い合わせがありました。これにはずいぶん困ったのです。あまり言ってもいけないし、書き方に困りました。

ただ、私はこう書いたのです。

「もし、そこが間違っているとするなら、今、そのなかでやっているお友達はずいぶん苦しんでいることでしょう。そういう人をかわいそうだと思って、何とか正しい方向に導きたいと、あなたが性急《せいきゅう》になるのは分かります。その性急な気持ちは分かるのだけれども、ちょっと待ってください。相手が間違っていると、ただ批判するだけではなくて、あなた自身が、例えば、幸福の科学の本を読んで、何を感じ、どう変わったか。これが問題ではないですか。あなたのお友達に、『そこの教えは間違っていて、教祖が地獄《じごく》に行っているからやめなさい』と言うよりは、あなた自身が新しい教えに接して、そして、どう変わったのか。まず、それを示す必要があるのではないですか。あなた自身の光が強くなれば、闇《やみ》というのはだんだんに消えていくのではないですか」

そのように言ったのです。昨日、返事を出しました。まだ、今日は、ここには来られない方でしょう。これから幸福の科学に入会する方ですから、来られないのでしょうけれども、そのように言いました。

ですから、相手に負けそうであれば、一つひとつ批判を言ってもいいのですけれども、これから出てくるものの大きさを考えると、私は、全然心配しなくていいと思うのです。

他宗の正しさを認めつつ、「教えの中身を比べてください」と言い切る

そして、いろいろな方々から、「幸福の科学の教えは本物だ」と言われ始めたら、その本物の教えとほかの教えとを比べてみると、矛盾《むじゅん》するところはたくさんあるはずなのです。

では、矛盾しているときは、あなたはどう考えますか。それは、あなたの良心が判断すればいいことなのです。

矛盾することはあります。ですから、例えば、キリスト教と仏教の教えが矛盾するからといって、片方が間違いだというわけではありません。キリスト教と仏教と

いうのは、もちろん光の大指導霊が地上に出て、あるときはインド的な教えを説き、あるときはイスラエルに生まれて西洋的な教えを説いたのであって、それは教えの違いがあるだけで、矛盾するものではないのです。その時代と人々、それから環境《かんきょう》風土に合わせた教えがあるだけであって、実際は矛盾しているわけではありません。

こういうものと、現在同じく、いろいろな新興宗教が出ていて、その教義と、今、私たちが説いていることとが矛盾することがあると思います。これは、単に説き方が違うのか、方法論として言い方が違うのか、それとも中身が違うのか、よく検討してみていただいたらいいのです。

私は、決して、「正しいものはこれ一つ」とは言いません。

今の日本には、ほかにもたくさんの光の天使たちが出ています。幸福の科学に来る方だけではありません。ほかにも、いろいろな既成《きせい》の集団のなかにも、もちろん、現在、キリスト教を日本で説いている人のなかにも、そうした立派な方はいらっしゃるはずです。あるいは、仏教系統のなかにも、光の天使のような方は出ておられるはずです。また、新興宗教のなかにも、やはり、正しい心を持って出ている方はいらっしゃるはずです。

したがって、私は、これら全部を否定するのは間違いだと思います。そうではなくて、「私たちも正しいものの一つです。ただ、その教えの中身を比べてください」と言っているのです。

正しさもあるけれども、現れ方はいろいろあるはずです。どちらが偉《えら》いか偉くないかなどということは、後世の人が判断すればいいことであって、私たちが、「こちらのほうが偉いのだから、こちらに来なさい」などと言う必要は全然ないのです。

ですから、日蓮《にちれん》が出てきて霊言《れいげん》をしたから、創価学会《そうかがっかい》の批判を言わないといけないかといったら、そんなことはないのです。創価学会も、もちろん、なかにはいろいろな方がいらっしゃるでしょうし、そのなかには、きっと、心正しい人もいらっしゃると思います。そして、相互扶助《そうごふじょ》の体制があるから、そのなかで、恵《めぐ》まれない人たちが助かっている例もあるかもしれません。

あるいは、日本神道系《しんとう》でしたら、「生長《せいちょう》の家《いえ》」というものがあります。この「生長の家」を指導していたのは、霊言集を読んだ方はお分かりでしょう。「生長の家」では、万教帰一《ばんきょうきいつ》といって、「仏教も、キリスト教も、儒教《じゅきょう》も、何もかも『生長の家』にあるのだ」などと言っていたけれども、指導霊団《れいだん》を見ると、そうではないのです。指導霊団を見ると、日本神道系です。はっきりしています。けれども、彼らも光の指導霊です。こういう方が指導しています。

ですから、その五十年の歩みを見れば、だんだんと、その本体というか、本当の指導霊は日本神道系だったということが分かります。

光一元論《ひかりいちげんろん》に見る光の天使たちの「教えの説き方」の違《ちが》い

こういうことで、「正しい、正しくない」ということ以外にも、例えば、あの世の光の天使たちの意見も一致《いっち》するかといえば、必ずしも一致しないのです。それは、いろいろな教えの方法論があるからです。長年やってきて、「こういう方法論がい

●指導霊団を見ると、そうではない……　最新の霊査《れいさ》によると、「光一元」を柱とする「生長の家」の傾向性については、天狗《てんぐ》の傾向性とのかかわりも示唆《しさ》されている。『幸福の科学の十大原理（上巻）』（幸福の科学出版刊）参照。

い」という教えがあるのです。それは、別のものからすると、違《ちが》うように感じます。けれども、これは矛盾するものではなくて、説き方が違うだけなのです。

・あの世で光一元の考え方を批判する日蓮《にちれん》

例えば、『日蓮聖人《にちれんしょうにん》の霊言』を読むと、日蓮が光一元《ひかりいちげん》の考え方に対する批判をしておられます。

「人間は光一元だ。だから、闇はないのだ。地獄など、そんなものはないのだ。迷いだ。光一元、神の世界には光しかないのだ。罪とかそういうものはないのだ」という教えについて、日蓮は批判の言葉を言っています。

確かに、本当の実相の世界、神の世界というものを見れば、光一元なのです。如《にょ》来界《らいかい》、菩薩界《ぼさつかい》へ行けば、光一元です。闇はありません。おっしゃるとおりです。そのとおりなのです。光に満ちた世界です。

そして、人間が本来、神の子であり、仏の子であるならば、人間の本質、実相というものが、光そのものであることは間違いないことです。そのとおりです。しかし、現象としてこの地上に現れているいろいろな人間を見ると、さまざまな現れ方をしているのです。その上で、「悪はないか」というと、やはり「悪」らしきものも出ているわけです。

・「人間には罪はない」とする考え方の間違《まちが》い

また、「人間には、もう罪はないのだ。間違《まちが》いはないのだ。誤りはないのだ。みんな神の子なのだ。何をしてもいいのだ。ちょっと短刀を抜《ぬ》いて、前の人をブスッと刺《さ》して殺してもいいのではないか。人間は永遠の生命だから、一人や二人殺しても、何をやってもいい。本当は死にやしないのだ。肉体は仮の姿であり、こんなものは目に見えているだけで、本当はないのだ。肉体などないのだから、頭をちょっと叩《たた》いて死んだところで、永遠の生命があるのだから関係ない」などと言って、そうしたことをやっていいかどうかということです。これはちょっと違います。これは、何か考え方が違っています。

それは、「それぞれの世界には、それぞれの法則がある」ということを見誤っているのです。

・「三次元の世界には、三次元の法則がある」という視点も賢《かしこ》く見るべき

三次元の世界には、三次元の法則というものがあります。

人間は、本来、神の子であり、仏の子であり、光一元であることは、間違いのない事実です。けれども、この三次元で、肉体に入って生活しているなかでは、みんな盲目《もうもく》ですから、いろいろな失敗をするのです。目が見えていたら、つまずいて転ぶことはないのだけれども、たまたま目が見えないために、霊的な目が見えないために、石ころにつまずいて転んでしまうことがあるのです。

したがって、「本来、転ぶはずはない」などといっても、やはり、この三次元では転ぶことはあるわけです。

こういうことは、説き方の方便《ほうべん》の違いですから、そのへんを、賢《かしこ》く、よく見なければいけないのです。

5 時代環境《かんきょう》や個性に応じて教えを説いた「高級霊《こうきゅうれい》の活躍《かつやく》」を俯瞰《ふかん》する

なぜキリスト教は「善悪の二元論」が強いのか

すると、今度は逆に、「では、この世に悪があるのか。やはり、地獄《じごく》というものがあるのだな」という考えに、心が急に動いてきた人が、みなさんのなかにもいらっしゃるはずです。「やはり、キリスト教と一緒《いっしょ》ではないか」と思われたかもしれません。

キリスト教では、「人間には二種類あって、地獄に行く人と、天国に行く人とがいるのだ」と言っているように見えます。

そして、イエスを通して救われる方というのは、あの世で永遠の生命を得て、蓮《はす》の台《うてな》ではないでしょうけれども、あの世の永遠の国で生活ができる。しかし、イエスを信じなくて、異教徒に走った人は、地獄のゲヘナ（GEHENNA）に投げ入れられて、永遠の業火《ごうか》に焼かれるのだ。こういうことを信じている人がいます。

では、そのとおりかといったら、そうでもないのです。必ずしもそうではありません。

特に、キリスト教の問題は何かというと、今度は逆に、「善悪の二元論」がけっこう強いということだと思うのです。

イエスが立ったのがちょうど三十歳《さい》で、私と同じぐらいの年でした。そして、三十三歳ぐらいで十字架《じゅうじか》に架かって死んだわけで、三年間しか説く時間がなかったのです。

そういうことで、当時、イエスはずいぶん焦《あせ》りました。今、私もよく話をしていますけれども、イエスはずいぶん焦ったようです。

三年間しかないなら、私でもそうなるでしょう。あと三年で十字架が待っていたら、これは大変だと思います。もう早めに言うことを全部言ってしまわないと、これは済まないということです。

・焦《あせ》って本当のことを言いすぎて敵をつくったイエス

それで、十字架をトントンと立てて、釘《くぎ》を打って、「ああ、大川隆法をこれに磔《はりつけ》にすると気持ちいいな」などと言って、それをやっている人がいたら、気持ちとしては、こういう人に「神の子」と言ってあげたくはないでしょう。これは間違《まちが》っているので、「おまえたちは〝下〟から来たのだ」などと一つぐらいは言いたくなります。

ですから、はっきり言えば、イエスも少し本当のことを言いすぎたのです。当時の律法者には、パリサイ人《びと》やサドカイ派、あるいはヘロデ党など、たくさんいましたけれども、当時の、モーセの教えを信じる律法者たちをつかまえて、彼らに対していろいろなことを言ってしまったわけです。

例えば、こんなことも言っています。

あるときは、「おまえたちは、私の言う言葉は分からないだろう。なぜ分からないか。それを言ってあげようか。分からない理由は、おまえたちは下から来たからだ。ところが、私は上から来た。上から来たけれども、おまえたちは下から来た。だから、分からないのだ」というようなことを言っています。

こんなことを言われれば、普通《ふつう》の人だったら怒《おこ》るでしょう。「『下から来た』というのはどういう意味か」とよく考えてみると、地面より下から来るということですから、これは「地獄から来た」という意味です。

「おまえたちは地獄から這《は》い出して来た悪鬼《あくおに》、鬼だけれども、私は天国から来た聖霊《せいれい》である。だから、おまえたちは分からないのだ」などと言ったら、通常の人は怒ります。そういうことでしょう。

モーセが受けた啓示《けいじ》「吾《わ》れは在《あ》りて在るものなり」の真意

・エジプトに奴隷《どれい》の子として生まれ、王女に拾《ひろ》われたモーセ

ただ、彼らが信じているモーセの教えが間違っているかといえば、間違ってはいないのです。

モーセは、今から三千二百年前に当時のエジプトに奴隷《どれい》の子として生まれて、葦《あし》舟《ぶね》に乗せられてナイル河に流され、王女に拾《ひろ》われて王宮のなかで育ちました。

そして、モーセが十八歳のときに、自分がかつては奴隷の子であり、葦舟に乗せられて流されたという事実を知りました。

それを知ってモーセは、やがて、「ああ、そうか。今、身の回りでいろいろな奴隷たちが使われているけれども、彼らと私とは本当は同じだったのだな。同じ仲間なのだな。その同じ仲間なのにもかかわらず、彼らは、今、苦役《くえき》のなかであえいで

いる。しかし、私はたまたま王宮で育てられて、学問もやったし、武術もやったし、教養もある。そして、おいしいものを腹いっぱい食べている。悪いことをしたな」などと思うわけです。

そういうモーセの教えがありますけれども、これも正しい教えではありました。

・自分が奴隷《どれい》の子と気づいてからも、修行《しゅぎょう》を重ねる

モーセのことをもう少し言うと、モーセは、当時十八歳で、自分が奴隷《どれい》の子であるということに気づきましたけれども、彼もなかなか賢《かしこ》くて、すぐには立ち上がらなかったのです。十八歳のときに気がついたけれども、やはり然《しか》るべき準備をしなければいけないということで、二十代にもずいぶん修行《しゅぎょう》をしています。そして、王宮から逃《のが》れて何度もいろいろな所へ行き、魂《たましい》の修行をしたり啓示《けいじ》を受けたりしています。

そして、二十七歳ぐらいのころに、モーセはミデアンの地で一つの幻《まぼろし》を見るの

です。そこでは牧羊で羊を飼っていました。そこでかわいい娘《むすめ》を見つけて嫁《よめ》にしたのですけれども、そのかわいい娘の父というのが、実は牧師《ぼくし》のような感じで、ちょっとした教会長のようなものをしていたわけです。

・モーセに臨《のぞ》んだ天からの声

それで、いろいろな教えを乞《こ》うたりしていたのですが、羊飼いのお手伝いをしていたモーセが、ある日、二十七歳のころ、野原に出て歩いていくと、そこは草原《くさはら》であるにもかかわらず、何か陽炎《かげろう》のようなものが立っていました。

「陽炎のようなものがメラメラと立って、よく見ると炎《ほのお》が燃えているようだ。何だろうか。これはすごいな」と思って、モーセは驚《おどろ》いたわけです。枯《か》れ草が燃えているのなら、これは早く消さなければいけないでしょう。「困った!」というような感じでモーセが思ったわけです。

ところが、そのときにモーセが動こうとしたら、天から声が聞こえてきました。

「モーセよ、吾《わ》れに対して足を上《あ》ぐるなかれ」という声が聞こえてきました。モーセは前へ進もうとして足を上げようとしたのです。モーセが足を上げようとしたら、「モーセよ、足を上げるなかれ」と言われ、モーセはびっくりしてしまって、メラメラと燃えているほうを見て、「あなたはどなたですか」と尋《たず》ねます。すると、その人は言いました。英語で言うと、「I《アイ》 am《アム》 that《ザット》 I《アイ》 am.《アム》」。「吾れは在《あ》りて在るものなり」という声が聞こえました。「吾れは在りて在るものなり」ということであれば、もはや神様ではないかということです。

そういう声がモーセに聞こえてきました。「在りて在るもの」から言われたわけです。

要するに、「私はそこにいるだけで価値がある」というような神様から声が聞こえたのです。それでモーセは、「どうやら、これはイスラエルに代々伝わるヤハウェの神に違いない。エホバの神だな」と自覚したわけです。

●「在りて在るもの」　最新の霊査によると、モーセに「吾れは在りて在るもの」と語った存在は、従来、中東全域で信仰されていたエローヒム（エルの神）ということが判明している。『黄金の法』（幸福の科学出版刊）参照。

すると、「そのとおり。われはヤコブ・イスラエルの神」ということを、その神は名乗りました。「イスラエルの昔からの神様である」ということを言われたわけです。

日本で言えば、「われは天照大神《あまてらすおおみかみ》」という感じでしょうか。こういうことをおっしゃったのです。そして、モーセは恐《おそ》れおののいたわけです。

そのような啓示を受けて、モーセは魂学習をしました。そして、また王宮に帰って、チャンスを窺《うかが》いました。

モーセの祈《いの》りに応《こた》え、神風《かみかぜ》を吹《ふ》かせて紅海《こうかい》を真っ二つに裂《さ》いた神の奇跡《きせき》

・準備をしながら時を待ち、二百万の大軍を率いて逃《に》げる

モーセは実際にクーデターを起こしたわけですけれども、クーデターを起こしたのは三十五、六歳のときでした。そのくらいのころに起こしたのです。そのころま

でいろいろと準備を進めていて、やったようです。

そのときも、モーセはいろいろな啓示を受けながら、何年か潜《ひそ》んでいました。そして、準備期間というものを置いていたわけです。こういうことがありました。

私も六年ほど潜んでいまして、モーセの気持ちも〝かくばかりなむ〟という感じで想像だけはするのですけれども、おそらく、時が来るのを待っていたのだろうと思います。

しかし、モーセは反乱軍の首領のようになってしまって、追いかけられることになりました。モーセは、成年男子六十万人、女性と子供を合わせて二百万人ぐらいの大軍を率いたといわれていますけれども、彼らを逃《に》がしました。そして、紅海《こうかい》という所まで逃げてきたら、王様が追いかけてきたわけです。

当時の王様はメレンプターといいます。おそらく、紀元前一二〇〇年ぐらいです。そのころだと思います。紀元前一二〇〇年ごろですけれども、メレンプターの時代です。王様は、いったん、モーセが逃げるのを見逃したけれども、やはりよく考えてみたら面白《おもしろ》くないなということで、「俺《おれ》の奴隷をつかまえて、成年男子を六十万人も持って逃げるなんて、こんなのは泥棒《どろぼう》だ」と言うわけです。奴隷といったら、豚《ぶた》や羊と同じですから、「羊を持って逃げられてたまるものか」ということでしょう。「よく考えてみたけれども、やはり損をする。取り返せ」と言って、軍勢をもってダーッと追いかけたわけです。

・行く手を防ぐ紅海《こうかい》に強烈《きょうれつ》な風が吹《ふ》きつける

紅海《こうかい》の所まで来ると、モーセは困ってしまいました。船があまりなかったのです。船はあったのですけれども、二百万人も乗せる船があるわけがないので、「困ってしまったな。どうしようかな」と悩《なや》んでしまったわけです。

しかたがないので、困ったときの神頼《かみだの》みということで、モーセはひざまずいて祈《いの》りました。

「この前、『在りて在るもの』などとおっしゃった方、出てきてください。もう追いかけられていますよ。後ろにはもう王様の戦車が来ていますよ。このままでは殺されてしまいます。どうしますか」というような感じで祈ったのです。

すると、「任せておきなさい」という声が聞こえてきたわけです。

「見よ。どこに海があるのか。モーセよ、前を見てみなさい」と言った折から、「東風吹《こちふ》かば」ではありませんけれども、東の風が急激にダーッと吹いてきたのです。天上界《てんじょうかい》から東の風が起きてきました。竜巻《たつまき》のような大きな風です。

当時、紅海は二キロぐらいの幅《はば》で、水深は大方十メートルぐらいあったようです。そのくらいの所に強烈《きょうれつ》な風が吹き始めて、水が真っ二つに裂《さ》けてしまったのです（著者注。実際は、浅い芦《あし》の湖《みずうみ》のようなものという説もある）。

今日《こんにち》、これを伝説だと考えている人もいるでしょう。しかし、実際にあったことです。実際に風が吹いて紅海が真っ二つに分かれたのです。

モーセは、これ幸いということで、二百万人を連れてひたすら逃げていったわけです。

・王の軍隊をも海に沈《しず》める神の奇跡《きせき》

〝全智全能《ぜんちぜんのう》〟の神様はやはり賢いようで、モーセたちが渡《わた》ったかをよく見ていて、「そろそろ後ろのほうがもう渡り、王様の軍隊が入ってきたな。もう少し待ってみよう。もうちょっと入ってから潰《つぶ》したほうがいいから、もう少し見てみよう」と言って、十分に入ったところで、「このへんでやろうか」ということで風を止めてしまいました。そして、波がピチャーッと戻《もど》ってきて、軍隊は沈《しず》んでしまったわけです。

「ずいぶんかわいそうなことをするな」と私は思うのですが、その神様は、こういうことをしても命はいくらでもあると思って、あの世でまた教育すればいいと思って沈めてしまったのでしょう。

そのように、モーセの時代は奇跡《きせき》の時代で、そういう奇跡を数多く起こしたのです。

数多くの奇跡《きせき》を起こしたイエスであっても、「預言者、故郷《こきょう》に容《い》れられず」

イエスもそうです。

イエスについては、『キリストの霊言《れいげん》』という本が出ていますけれども、あれだけではまだ多少弱いようなので、これから冬にかけて、キリスト教系の本をもう少し補強するつもりです。十二月の初旬《しょじゅん》ぐらいには内村鑑三《うちむらかんぞう》の霊言集も組みます。これ以外にも、キリスト教系の人の本をもう少し出して、いろいろなかたちで援護《えんご》したいと思っています。

イエスの時代も数多くの奇跡《きせき》が起きていますが、結局、イエスも大工《だいく》の子ではありまして、「預言者、故郷《こきょう》に容《い》れられず」ということで、彼は故郷に帰って一回失敗しています。

例えば、今、ここに集まっている人たちが、イエスの田舎《いなか》の人だとしましょうか。そして、私は大工の息子《むすこ》さんだとしましょう。そして、ここへ来て話しているわけ

●『キリストの霊言』　現在は『大川隆法霊言全集 第5巻』『同 第23巻』（共に宗教法人幸福の科学刊）に収録。

●内村鑑三の霊言集　現在は『大川隆法霊言全集 第28巻』『同 第29巻』（共に宗教法人幸福の科学刊）に収録。

です。

ところが、あなたがたのなかからザワザワという声がしてきます。

「あれ？　イエスなんて言っているけど、あれは、あそこのヨセフの子じゃないの？」「大工の息子じゃないか」「何を偉《えら》そうなことを言っているんだ？」「イエス・キリスト？　救世主？　冗談《じょうだん》はやめてください」。

イエスは「インマヌエル」というのが当時の名前だったので、「あれはインマヌエルじゃないの。あなた、この前まで屋根の上へ上がって、トンカントンカン釘を打っていたのに、ちょっと見なかったけど、帰ってきたと思ったら、ヨルダン川か何かで水のなかに体を沈《しず》めて……」というようなことを言われていたのです。

イエスは、バプテスマのヨハネという、狐《きつね》か何かの皮衣《かわごろも》を着て、荒縄《あらなわ》を腰《こし》に巻き、野の蜜《みつ》、蜂蜜《はちみつ》を舐《な》めて生きているような風変わりな人に洗礼《せんれい》を受けています。

そのとき、「天が裂けて鳩《はと》が飛んだ」などと言っているけれども、「こんなの、あなた、奇術じゃないの？　どこかに隠《かく》していた鳩が出たんじゃないの？」などと言われています。

そのように、奇跡が起きて救世主になったなどと言っても、誰《だれ》が信じますかという感じだったのです。

みんなが、「イエスは駄目《だめ》だよ。あんなの、偽者《にせもの》だ」などとザワザワと言っているあたりで、彼はほうほうの体《てい》で帰ってきています。

・信仰《しんこう》する人がいないと奇跡《きせき》は起きない

当時、イエスは、病人を治そうと、いろいろなところで奇跡《きせき》を起こしていました。躄《いざり》が来たら、「ああ、躄よ、寄ってきなさい」と、少し触《さわ》ったら治って、立ってしまったということもありました。

また、盲人《もうじん》が来たら、「盲人よ、寄ってきなさい」と、唾《つば》でつくった泥を目の周りにクルクルと塗《ぬ》ると治ってしまったこともありました。こういうことがたくさんあったのです。

ところが、自分の故郷《ふるさと》へ帰ったらどうだったかというと、全然治らなかったのです。盲人は目が開《あ》かず、躄は立たずで、イエスは困りました。要するに、信仰《しんこう》する人がいないわけです。

私も、みなさんがこの場で、例えば、「大川隆法なんて、とんでもないペテン師だ」などと思ったら、何もできないのです。おそらく、話せないでしょう。

それで、イエスは、故郷《こきょう》に帰ったとき、わずか十人ぐらいの人のお腹《なか》などに手を当て、ちょっと気分がよくなったという程度で仕事は終わってしまったわけです。そのように、病気への奇跡は起きなかったのです。

そして、傷心《しょうしん》のまま帰ってきて、「二度と田舎へ帰ってはやらないぞ」ということだったようです。そういうことがありました。

光の天使の教えでも、「時代」や「環境《かんきょう》」によって説き方には違《ちが》いがある

いろいろと話をしましたけれども、モーセにしてもイエスにしても、それぞれが

その時代その時代に、「環境《かんきょう》」と「場所」を選んで地上に出た光の天使です。ただ、「その教えの説き方が違《ちが》っていただけ」だということです。

・キリスト教では弟子《でし》の理解の不足から異端《いたん》裁判が始まった

イエスの時代にも、異教徒に対して、いろいろな言い方をする人はいました。イエス自身は、異教徒に対してはそれほど悪い感情を持っていたわけではないのですけれども、イエスの弟子《でし》は、「正しいものは一つであるはずだ。先生はたぶん間違いなく救世主だから、ほかのは間違いに決まっている」ということで、そういう教えがだんだん出てきたわけです。

そして、原始キリスト教の時代からだんだん時代を下《くだ》るにしたがって、異端《いたん》裁判というものが始まりました。「あれは異端だから」として、火あぶりにかけたり、十字架に架けたりしたのです。そのように、イエスがされたことと同じようなことをしてしまったわけです。

これは、はっきり言って、イエスに十分な時間がなかったので、説けなかったということでしょう。

・イエスはモーセを認めていたが、正しい解釈《かいしゃく》を説く時間がなかった

イエスも、モーセが光の天使であることを認めていたし、モーセの律法のなかにも正しい教えがあることは、もちろん知っていたのです。しかし、モーセの律法を信じている人たちは、「あのイエスを早く殺そう」などと画策しているものですから、あまりほめるわけにはいかなかったということです。

私だってそうです。みなさんが鋸《のこぎり》を持ってきて私の首を挽《ひ》こうなどと思っていたら、絶対に私はよいことは言わず、一喝《いっかつ》するでしょうから、それは同じことです。

本当は、イエスも時間があれば、キリスト教にしっかりとした地盤《じばん》ができてから、そういうモーセの律法についての正しい解釈《かいしゃく》をして、「現代では、ここは正しいけれども、この部分の考えは違っている」ということをはっきりすることができたの

です。それだけの時間があれば、彼は、あそこまで追い込《こ》まれなかったと思うのです。

しかし、いかんせん、時間がなかったので、「自分を殺そうと思っても、敵だからしかたがない。敵ということは、要するに、悪魔《あくま》の手先だろう」などと〝適当に言ってしまった〟わけです。

・既成《きせい》の教団に正しさがあっても、
それだけで新しいものを否定するのは問題

今、律法者というのは、『聖書《せいしょ》』のなかでは悪口を言われて悪役になっていますけれども、彼らのなかにも心正しい方も必ずいたはずなのです。

そして、現在、私たちも、まさしく〝同じ状態〟にあるわけです。既成《きせい》の教団は、キリスト教にしても仏教にしても、いろいろあるわけです。それが間違っているかといえば、必ずしも間違っているわけではないのです。

●必ずしも間違って……　現在、さまざまな霊査により、幸福の科学は、キリスト教、仏教等の霊的な視点から見た善悪を指摘し、間違いを正している。『不成仏の原理』第２章「最澄《さいちょう》の霊言」、『ローマ教皇フランシスコ守護霊の霊言』（共に幸福の科学出版刊）等参照。

ただ、既成の考えを持ってきて、私たちが説いているものを「間違いだ」と言われると、「それはちょっと困る。もうちょっと言論の自由をください」ということになります。

中国古代思想や鎌倉《かまくら》仏教に見る、個性の違《ちが》いやあの世での修行《しゅぎょう》

今朝《けさ》、私は、ここへ来る前に、ちょうど、八巻目の霊言集『孔子《こうし》の霊言』の最終の著者校正をやっていました。

今日は、私はみなさんと会わなければいけないので、いつもより早めに顔を洗って、新しく買った整髪料《せいはつりょう》をつけて準備しようと思っていたのですが、しばらくウトウトしていたところで、速達が届きました。それが『孔子の霊言』の原稿《げんこう》だったわけです。それを読んでいたのですが、孔子もずいぶん難しいことを言っています。

この本は、おそらくクリスマスごろに出るでしょうけれども、孔孟《こうもう》の教え、老荘《ろうそう》の教え、そして、墨子《ぼくし》の教えが入っています。

●『孔子の霊言』　現在は『大川隆法霊言全集 第15巻』(宗教法人幸福の科学刊)に収録。

・愛の教えを説いた「墨子《ぼくし》」、王道について説いた「孟子《もうし》」

墨子《ぼくし》は知っていますか。

墨子とは、「プリースト“Priest”（司祭《しさい》）」ではないのです。キリスト教の「牧師さん」ではありません。

昔、墨翟《ぼくてき》という人が説いた「墨教《ぼくきょう》」というものがありました。今から二千五百年ぐらい前のことです。

墨子という人は、イエスの生命体の一部です。その方が出て、中国では珍《めずら》しく「愛の教え」を説いたのです。そうした愛の教えというのが、その『孔子の霊言』に入っています。

それから、孟子《もうし》は、「真《しん》・善《ぜん》・美《び》」という王道について説いています。

・本来、宝のような心を持っているので努力は要《い》らないと説く「老子《ろうし》」

「老荘思想」というのは、みなさん、読むと安心しますよ。「何もしなくていい」と言っていますから。読んでいると、「何をそんなに焦って努力しているの？　ゆっくり行こうじゃないの」などと言っているのです。

「仏教系の人というのは、みんな前へ、せかせかせかせか急いで、努力ばかりしているけど、そんなに努力して草鞋《わらじ》がすり減るのを心配しないで、もう草鞋なんか心配しないで、土手に腰かけて、あなた、ぽっかり浮《う》かんだ雲でも見なさいよ」などと、老荘思想は言っています。

これは簡単ですね。楽でいいと思いますよ。みなさん、やったらどうですか。ただ、こういう老荘思想でやった方は、会社では絶対出世しないでしょう（会場笑）。私はそう思います。出世したいと思う方は、どちらかといったら、孔孟の思想のほうを信奉《しんぽう》されたほうがいいと思います。努力の教えですから。

彼らは、「努力は要《い》らない」と言っています。「努力で人間は心に曇《くも》りをつくるから、そんな努力は要らない」などと言っています。「本来、人間というのは、宝のような心を持っているのであって」と、老子《ろうし》はいろいろと言っています。

「では、努力は要らないのですか」と言ったら、「全然要らない」と言っては問題があるから、「仏教系というのは、要するに、五重の塔《とう》、七重の塔の宝塔を努力して、何とか生きているうちにつくりたいと、こういうので努力しているのが仏教系だ」と。

「ところが、わが老荘の思想はそんなものではありません。トンカントンカン大工仕事をして五重の塔を建てなくても、人間というのはもともと五重の塔で出来上がっているのです。ところが、その五重の塔は、たまたま浜辺《はまべ》で砂のなかに埋《う》まっているのです。ですから、〝ちょちょいのちょい〟で、ちょっと砂を取って出せば、五重の塔は出てくるんですよ。それだけなのです」と。

どこかで弟橘媛《おとたちばなひめ》も言っています。そのような言葉はどこかで聞いたような感じがしますけれども、「努力は要らないのだ。ただ、砂だけ取り除けば、立派なものが出てくるのです」と、こういうことを言っています。

このように、教えがずいぶん違《ちが》うわけです。

・学者で知性が高く、あの世では「宇宙の悟《さと》り」をも説く「孔子《こうし》」

孔子《こうし》も霊言しています。何とかして儒教《じゅきょう》の話を引き出そうと思って努力したのですが、二千五百年も前に言ったことに今さら興味はないわけです。孔子は、ずいぶん考えが変わっていました。

孔子について、ある宗教家の本だと、「六次元神界《しんかい》の人」と書いてあるものだから、孔子は〝怒って〟います。「よく言ってくれたじゃない」と(会場笑)。「六次元なんてとんでもない。紫式部《むらさきしきぶ》とか、そういう人と同じところかって? とんでもない。紫さんも偉いけど、いくら何でも一緒じゃないんじゃない? 二千五百年間、中国の思想をリードして、ましてや日本の思想界までリードした孔子である私が、まさか、言っては悪いけど、〝弟橘媛さん、紫式部さんと一緒〟というのはちょっとひどいんじゃないですか。もう少し上げていただけませんか」と（会場笑）。このように言うわけです。

「では、どのへんにいらっしゃるのですか」と言ったら、「けっこういいところにいるんですよ」と。「どのへんですか」と言ったら、「昔から言うでしょう。四大聖人と言うでしょう」「四大聖人は誰ですか」「釈迦《しゃか》、イエス、それから、ソクラテスが入ったりしますね。ソクラテスが入って、残りは誰ですか」と言うから、「残りは、もしかしたら孔子ですか」と。

すると、「今ごろ気がつきましたか」と（会場笑）。「もう世界の四大聖人ですよ。あなた、そんな下のほうを這っているわけがないでしょう」と（会場笑）。ですから、やっと名乗られたわけです。

孔子という方も、やはり九次元の宇宙界という所にいる方です。『正心法語《しょうしんほうご》』（旧版）を読まれたら、「宇宙の悟《さと》り」のなかで、孔子が出てきています。立派な方です。

ただ、彼は、どちらかというと、宗教的な指導というのはあまり得意ではなくて、学者です。学者ですけれども、非常に知性の高い方です。

この次の本のほうに出ますけれども、孔子は「宇宙計画」とか、「地球計画」とか、そういうすごいことを言っています。私たちはもう出すのが怖《こわ》くて、出版社に持っていっても、カットされたらどうしようかと思っていました。『孔子の霊言』と銘打《めいう》って、孔子のところをカットされたらもう終わりですから（会場笑）。どうしようかと思って、ずいぶん考えたのです。

どうしても、二千五百年前の儒教のことについて言ってくれませんでした。もう、そんなところに考えは止まっていないのです。

みなさんは、偉大《いだい》な方が亡《な》くなったら、その時代でみんな止まっていると思っています。現代の研究者というのは、もうそれで止まってしまっていると思っているのです。しかし、全然止まっていないのです。

・自分に厳しい修行者《しゅぎょうしゃ》であり、あの世では愛を学ぶ「道元《どうげん》」

道元《どうげん》が、今、只管打坐《しかんたざ》をまだ一生懸命《いっしょうけんめい》にやって、あの世で一生懸命に坐《すわ》っているかといったら、坐っていないのです。もう足がないから、坐っていないのです（会場笑）。

道元も、もちろん偉い方です。ある宗教家は「これも神界（六次元光明界《こうみょうかい》）の人」と言っているので、道元は〝怒って〟います（会場笑）。いちおう菩薩界《ぼさつかい》で頑張っているそうです。訂正《ていせい》しておきます。

生きていたときは、どちらかというと、修行《しゅぎょう》を一生懸命にやった方ですから、厳しい方だったのです。自分に対して厳しいけれども、他人《ひと》に対しては優《やさ》しいかというと、あまり優しくなかったかもしれません。やはり厳しかったのです。修行者というのは、他人に対しても厳しかったのです。

そういうことで、道元は、生きていたときには、少し愛の気持ちが足りなかったようです。それで、あの世へ還《かえ》って、今、菩薩界にいますが、菩薩界で一生懸命に愛の修行をしているそうです。

このように、彼らは、還って、まったく同じではないのです。

・あの世では、時代の変化に合わせて、七百数十年前の教えをそのまま説かない「日蓮《にちれん》」

日蓮《にちれん》にしても、今から七百年も八百年も前の方です。ですから、「『日蓮の霊言』が出てきたら、『立正安国論《りっしょうあんこくろん》』を講義するはずだ。おかしいな。『立正安国論』を全然言ってこない。おかしいですね」と思うかもしれませんが、「蒙古《もうこ》が攻《せ》めてくるから早く護《まも》りを固めて、正法《しょうほう》に帰依《きえ》しなさい」なんて、今ごろ日蓮は言えないんですよ。もう蒙古はいないから（会場笑）。蒙古とか元寇《げんこう》とか、こんなのはもうないわけです。

「核《かく》ミサイルを撃《う》ってくるから、気をつけろ」というぐらいだったらいいのですが、そんなことを言ったら、「日蓮さんじゃない」などと言われるので、言えないのです。

そういうことで、あの世の人たちも、もちろん、あの世で勉強しているのです。七百年も八百年も同じ状態でいる人はいないのです。みんな勉強しています。

6　天上界《てんじょうかい》の「次元構造」と魂《たましい》の真実

人間の魂は、神から分かれ、転生輪廻《てんしょうりんね》の過程で「個性」を形成している

イエスも、もちろん、いろいろな勉強をしていますが、あの人は非常に賢《かしこ》い方ですから、「勉強しているところを見せたらもったいないし、やはり、イエスはイエスらしいところがいいだろう」ということで、ナザレのイエスのイメージを持って、みなさんに話しかけています。しかし、イエスの生命体というのはものすごく巨大《きょだい》な光で、あんなものではないのです。ナザレで説いたイエスの教えというのは、あんなものではないのです。もっともっと大きいのです。

みなさんのなかには、生命体について、本を読んで、「本体《ほんたい》・分身《ぶんしん》」という考え方を勉強している人もいると思います。

「本体が一人で分身が五人いて、みんな〝魂《たましい》のきょうだい〟である。本当は一人だけれども、五人、六人に分かれているのだ」ということを、本で読んだことがあると思いますが、この本体・分身の考え方も画一的なものではなく、次元によって多少は違《ちが》うのです。

なぜなら、もともと人間というのは、身長百何十センチ、体重何キロというような、固まったかたちとして神様はお創りになったわけではないからです。

この生命体、肉体のなかには「光子体《こうしたい》」というものが入っていますけれども、この光子体自体は、もとは何かというと、もとは一緒《いっしょ》なのです。みんな神様から出てきて、分かれてきているわけです。分かれてきたのですけれども、何回も転生輪廻《てんしょうりんね》していく過程において、その人の「個性」というのがだんだん出てきて、「何回生まれても自分だな」というような感じになっているわけです。

ところが、もともとはそうではなく、大きな光がだんだん分光《ぶんこう》してきて、この現象世界のほうへと降りてきているわけです。

霊界《れいかい》の次元に応じて「自己認識や魂《たましい》の現れ方が違《ちが》う」という秘密

・四次元幽界《ゆうかい》と――「魂のきょうだい」について知らず、
五次元善人界　「一人で生きている」と思っている

ですから、魂《たましい》のきょうだいといっても、四次元の幽界《ゆうかい》世界にいる人たちに言っても、分かる人は一人もいません。

地獄界《じごくかい》の人も、全然知りません。「何ですか?」と言います。「きょうだいなんか、いるんですか。私は天涯孤独《てんがいこどく》です」と言い張っています。「きょうだいがいます」「そんなの知りません」、「本体がいます」「本体とは何ですか。御本尊《ごほんぞん》の間違《まちが》いですか」などと言っています。全然知りません。

五次元の人でも、「魂のきょうだい」と言っても分かりません。全然知りません。

・六次元光明界《こうみょうかい》――「魂のきょうだい」を知っているが、個人個人で生活している

六次元ぐらいになると、少し分かるのです。みんな聞いたことがあります。多少、勉強しています。そういう世界では、多少知っています。「六人ぐらいで組になっている」というのは知っています。

七次元菩薩界《ぼさつかい》でも、「魂のきょうだいのようなものがあって、グループがある」ということは知っています。ただ、多少、感じが違ってくるのです。

六次元光明界《こうみょうかい》では、六人きょうだいがいるということは知っていても、みんなバラバラで好きなことをやっているわけです。「私はお茶がいいわ」「私はコーヒーがいいわ」「私はケーキがいいわ」などと、それぞれ別にやっていて、そして、「きょうだいだ」と言われたら、「そうかもしれないな」と思っているぐらいです。個人個人の生活をしています。

・七次元菩薩界《ぼさつかい》――「魂のきょうだい」のグループとして、協力して使命を果たそうとしている

ところが、菩薩界《ぼさつかい》ぐらいに行くと、グループができていて、だいたい一つの目的を持って集まっているわけです。

系統には、キリスト教系、仏教系、いろいろとあります。

あるいは、学者なら、科学者なら科学者の系統があり、「科学的なことで、この世を菩薩界にしていこう」というような方が一緒に協力しているのです。

こういうグループがあり、ある程度「まとまり」があります。まとまりというか、「自分たちの使命」は知っています。

・八次元如来界《にょらいかい》――「魂のきょうだい」という存在様式を超《こ》え、表現形式に合わせて自由自在に出られる

では、八次元如来界《にょらいかい》はどうでしょうか。本体一で分身五かというと、違います。そうなっていないのです。如来界の方というのは、人間で言う、五人、六人というような存在様式がないのです。

彼らの存在様式というのは、西田幾多郎《にしだきたろう》の哲学《てつがく》を出したら難しくて困るでしょうけれども、「一即多《いっそくた》、多即一《たそくいつ》」で、一人だと思えば一人、五人と思えば五人、十人と思えば十人、百人と思えば百人に分かれられるのです。自由自在なのです。意識体としては一つなのですが、表現形式に合わせて自由自在に出られるのです。これが如来なのです。

『ソクラテスの霊言《れいげん》』を読むと、そのなかに「カントの霊言」があります。「カントの霊言で、カントが何だか訳の分からないことを言っているな。『ここで

コーヒーを飲むカントあり。かしこに散歩するカントあり。雌牛《めうし》の乳を搾《しぼ》るカントあり』なんて、どうなっているのかな。この人は人格分裂《ぶんれつ》ではないか」などと思うでしょうが、如来界の特色というのは、「思ったとおりの顕現《けんげん》の仕方ができる」ということなのです。昔で言えば、伊賀忍法《いがにんぽう》の分身の術のようなものです。自由自在に分かれます。そういうことができるのです。

如来界には四百数十人の如来がいますが、そうでなければ、それだけの人間で霊《れい》界《かい》のすべての人たちを指導できないのです。そうでしょう。如来界の人間が、あなたがた一人と同じような力しか持っていなければ、指導できるわけがないのです。

地上には、今、五十億人近い人間がいます（説法《せっぽう》当時。二〇二〇年統計では約七十八億人）。天上界《てんじょうかい》にいくらいるか知っていますか。人口は約五百二十億人います。現在、これだけの人がいるのです。そして、如来界にはわずか四百七、八十人しかいません。これらの方が、「一対一で膝詰《ひざづ》めで話をしよう。あなたね、悟《さと》りというのはそんなものではないんですよ」などとやっていたら、何百年、何億年かかっても、全部の人と話はできません。そうではないのです。

ですから、最後は、思ったとおりにできるようになるのです。

このよい例としては、例えば、薬師《やくし》如来などはそうでしょう。いろいろなところに「お薬師さん」があって、みなさんもたくさんの願《がん》を掛《か》けているでしょうけれども、ああいうものも、一人ひとりの人間のところに出ていって願い事を聞いていたら、大変なことになります。そのため、薬師如来の念波《ねんぱ》と一致《いっち》するような波動《はどう》を出す人が地上にいると、その念波に対して感応していくわけです。一万人でも十万人でも、いくらでも分かれていくのです。このような分かれ方をします。これが如来界なのです。

ですから、意識体としては一つですけれども、五人、六人といるわけではないのです。

これについて、カントもそういうことを言っています。

「例えば、カントというマリンブルーの意識体があって、マリンブルーはどこでもマリンブルーなのだけれども、分かれ方としてはいろいろとできているのだ。では、独立して、どれがカントか分かるかといえば、みなマリンブルーだからカントだと、こういう認識の仕方があるのですよ」と言うわけです。

つまり、ここで私と同じ紺《こん》の服を着ている人がいれば、「みな大川隆法です」と言っているようなものだというわけです。そういうことなのです。そういう言い方をしているわけです。これが如来界です。

・九次元宇宙界——時代に合わせて、必要な分量だけの光を出して、機能を果たす

ところが、九次元の宇宙界へ行くと、もっと違ってくるのです。

孔子《こうし》が言っていますけれども、「そんな一万人、十万人など手ぬるい。一億人でも十億人でも自由自在です。それから、地上に出るのだって、どういう出方をするかは、もう勝手です。その時代に合わせて、必要な分量だけの光を出して、ドーン

と入っていきます。それでつくるのです」と、こういうことです。このような言い方をしています。

ですから、ナザレのイエスとして生まれた生命体は、実際はイエスの全生命体のだいたい五分の一ぐらいなのです。五分の一ぐらいが出ているわけです。

イエスの過去世《かこぜ》としては、今から四千数百年前にエジプトに生まれたクラリオという名前で呼ばれている方がいます。

その前は、インドに一回生まれているのです。今から七、八千年前のことですが、クリシュナという名前を聞いたことがあるでしょう。クリシュナというインドの神様がいますけれども、これもイエスの生命体です。ただ、ナザレのイエスと同じかといえばそうではなく、やはり、イエスの生命体の五分の一ぐらいなのです。こういうものが、クリシュナとしてインドに出ているのです。

では、その前は何かというと、今より一万年から一万一千年前、アトランティスの末期にアガシャー大王という方がいました。これも、イエスの生命体です。

　ですから、イエス・キリストは一人だといっても、例えば、ナザレのイエスの意識、それからクリシュナの意識、あるいはクラリオの意識、それからアガシャーの意識、これらがみなあるのです。そして、出てくれば個性のあることを言います。ただ、個性はあるけれども、それは、例えば十一面観音《かんのん》というものがありますが、あのようなもので、たくさんある顔を出して言っているだけで、本当は一つなのです。ただ、個性の差はあります。そのようになっています。

　そうでなければ、人間には認識できないからです。彼らの意識体は「巨大な光だ」、「何の光だ」と言っても分からないのです。

　本当は、九次元のなかには十人の意識があって、そうした意識体がさまざまな機能をしているわけです。そういう世界があります。

7　私の今世《こんぜ》の使命を語る
――「個の悟《さと》り」と「全体の悟り」を説く

人間性を高める修行《しゅぎょう》としての「個の悟り」と宇宙論、宇宙構造論という「全体の悟り」

こういった構造論については、私たちの書物を読んで初めて知った方が多いと思います。

なぜならば、私の今世《こんぜ》の使命は何かというと、「個の悟《さと》り」と「全体の悟り」の二つを説くこと、これが今世の使命だからです。

「個の悟り」というのは何かというと、例えばいろいろな修行《しゅぎょう》があります。人間としての修行です。それは、「反省」でもよいし、「瞑想《めいそう》」でもよいし、「懺悔《ざんげ》」でもよいし、「禊祓《みそぎはら》い」でも何でもよいのですけれども、個人としての人間性を高めるための修行の方法、悟りの仕方、悟りの方法です。

そうしたものについても、もちろん説きますが、それ以外に、今回の使命としては、「全体の悟り」、つまり、宇宙論、宇宙構造論を説く使命があるのです。

すべての真理を出していくために、段階的に霊言《れいげん》を示していく

「時代が二十世紀の後半になり、すでに、仏教も、キリスト教も、ユダヤ教も、儒教《じゅきょう》も、みな出尽《でつ》くして〝退屈《たいくつ》〟しているころだから、このあたりでひとつ、すべて出してしまおうか」ということで出しているわけです。今まででありえなかったことでしょう。これだけにぎやかに神様が出ているところというのは、ちょっとないと思います。

今、あなたがたが家へ帰って、「イエスが出て、モーセが出て、何もかも出てくるので、もう日蓮《にちれん》も空海《くうかい》も何もないですよ。親鸞《しんらん》でも何でも出てくるんです」と言

ったら、「バカか」と言われます。ですから、そう言われないように、ちょっとずつちょっとずつ出していっているわけです。

最初からすべてを出したら、みな誰《だれ》も信じませんから、まず日蓮を出して評判を見てみます。それで、「あまり悪口を言ってこないな。創価学会《そうかがっかい》も悪口を言ってこないな。ああ、大丈夫《だいじょうぶ》」ということで、次には空海を出してみると、「どうかな。ああ、まだ言ってこないな。大丈夫だな」という感じでした。「それでは」ということでイエスを出しましたが、このあたりで、「ちょっとどうかなあ」と思ったのです。しかし、イエスを出しても、「ああ、まだ大丈夫。では、そろそろ天照《あまてらす》を出しましょうか」と本を書いていたら、このあたりで出版社の潮文社《ちょうぶんしゃ》が引っ繰《く》り返ってきたのです。

四巻目として『天照大神《あまてらすおおみかみ》の霊言《れいげん》』を持ってきたら、「これ、ところで、本当でしょうね？　あまりにも出てくるので、怖《こわ》くなってきました。イエスは偉《えら》いかもしれないけれども、外国人だからね。外国人だから、どうということはありません。まあ、みなさん分からんでしょう。ところが、天照大神といったら、あなた、大変ですよ。日本で言ったら主宰神《しゅさいしん》ですよ。それが出てくるというのは、もう大変なことです。本当ですか。ちょっと出てきてください」と言われたので、上京して出ていったのです。「一回、〝首実検《くびじっけん》〟したい」と言うので、「いいですよ。私の首でよかったら、いくらでも実検してください」と、出ていって話をしました。

この天照大神あたりで出版社のほうも引っ繰り返り始め、「天岩戸開《あまのいわとびら》きだ」ということで、「これは大変なことになってきた」と、心臓がドキドキしている感じになりました。

それを過ぎると、あとはもう、「ソクラテス？　いいですよ、もう。難しいですよ。売れないかもしれませんが、いいですよ。難しくてもいいですよ。私らは、もう何でもいいと思うようになりました」と言うのです。「『ソクラテス』」「いいですよ」「『坂本龍馬《さかもとりょうま》』」「それは出るでしょうな、当然」「『卑弥呼《ひみこ》』」「ああ、そのくらい出るでしょう。卑弥呼ぐらい出るでしょう。もう何でもいいですよ」と言うようになっています。

ただ、「もうね、九次元ぐらいで止めておいてくださいよ。十次元以上が出てきたら、さすがについていけませんからね。出版社としては、もう責任が取れないから。そのへんは、ちょっとやめといてくださいよ」とは言っています。

『孔子《こうし》の霊言』でも、「まえがき」に「孔子は九次元世界にいて……」と書いてあったのですけれども、「最初から『九次元』と書いたら、読む人が、『あ、これは眉《まゆ》唾《つば》だ』と思って買ってくれない。買ってくれないと出版社が潰《つぶ》れるから、とりあえず買わせるためには、『まえがき』で『九次元』はやめましょう」などと言って、いろいろと一生懸命《いっしょうけんめい》に抑《おさ》えています。

そのように、信じられなかったことでしょうけれども、一年数カ月の歳月《さいげつ》をかけて、だんだんに本が出てきました。

今後、さまざまな角度から法を説き、あの世の実相《じっそう》をすべて教える

今、書店に出ているのは七冊ですけれども、私が今書いている本は、すでに十七、八冊目のものを書いているのです。そのくらいまで行っていて、あと十冊はもうできているのです。これらは、来年、いろいろなかたちで順番に出てきます。それも、これまでのような対話編だけではなく、今後は、彼らの独自の講演、マイクを持って話してもらったものを録音して本にしたり、あるいは自動書記をしたりと、さまざまなかたちで、さまざまな角度から説いていきます。

そして、本当の「あの世の世界」の実相《じっそう》とは何なのか、「光一元」などというのではなく、実際はどうなのだというところを、すべてお教えしようと思います。

ですから、それをすべて語る前に〝十字架《じゅうじか》に架からない〟ように、みなさん、本当によろしくご指導ください（会場笑）。護《まも》ってください。お願いします。まだまだ言う気は十分にありますから。その前に殺されてしまったら言えなくなります。

私も、あの世へ行って幽霊《ゆうれい》になってしまったら、出るところがないと出られないものですから。どなたか体を貸してくれたら出てきますけれども、出にくいものですから。

今のところ考えているのは、霊言集も数十冊と言っているけれども、おそらく、私は数百冊になると思います。数百冊になる。ですから、今からしっかり読んでおかないと、あとでまとめては読めません。たぶん、そうなると思います（二〇二〇年八月現在、五百五十冊以上の霊言集を発刊）。

これから数十年間、私は、みなさんの前で講演をし、執筆《しっぴつ》をしていきます。それだけの時間があれば、そうとうのものができると思います。今、一年間でこれだけのものが出ています。これから数十年もあったら、もう、洗いざらい、すべて出していきます。もちろん、〝十字架に架かって〟いなければの話です。今のところ、予定としてはまだ、そのくらいはやるつもりでいます。

そして、一回目の講演で言ったら気が早いかもしれませんけれども、その後、二千八百年ぐらいしたら、もう一回地上に出てきます。そのころにまた、みなさまとお会いできるかもしれません。

あまり先走って申し訳ありませんが、今日の話はそういうところです。

第2章

質疑応答

一九八六年十一月二十三日
東京都・日暮里《にっぽり》酒販会館《しゅはんかいかん》にて

Q1　講演会等の来年のスケジュールはどうなるか

質問者Ａ　初めて大川先生にお会いできまして、本当に感激でいっぱいでございます。本日、「何千年ぶりに法を説かれるために、地上に出られた大川隆法先生」ということで、〝血肉踊《おど》る感激〟がございます。本当にありがとうございます。

霊言集も全部読ませていただきましたけど、特に吉田松陰《よしだしょういん》先生の厳しいお言葉に感激しております。「諸聖賢《しょせいけん》の言葉だけを連《つら》ねて、ただ、大川先生、善川《よしかわ》先生（名誉顧問《めいよこもん》）、富山《とみやま》先生（総裁の実兄）がそれを書物に著《あらわ》し、われわれがそれを購入《こうにゅう》して感激しているだけでは、それは単なる知識なんだ。知識では世の中も人も変えられないじゃないか」と。なるほどなと思いました。

もう本はたくさん出していただきたい。今も大川先生がたくさん出す、それは本当に素晴《すば》らしいことでございますが、いよいよ、昭和六十二年（一九八七年）も目前に迫《せま》っております。

できうるなれば、今日、相見《あいまみ》えたこの八十余名のわれわれ同志といいましょうか、先生を恋《こ》い慕《した》う、諸聖賢を恋い慕うわれわれ同志に、来年のスケジュールが、もしあればですね……。講演会はこういう所で、五百名、千名の会場でやりたいとか、名古屋《なごや》のほうでもやりたいとか、北海道、九州でもやりたいとか。

大川隆法先生を中心にする、この幸福の科学が、本当に大きな輪となることを私は期待しております。その点、ご意見等を聞ければ幸いです。お願いいたします。

まずは五百人規模の講演会をやり、研修会もやっていきたい

大川隆法　分かりました。

来年（一九八七年）の予定ですが、〝鬼《おに》が笑ってしまう〟といけないので、あまり先のことまで言えないのですけど、とりあえず二月ぐらいには、●講演会を考えて

●講演会を考えて……　最初の講演会として、1987年3月8日に、東京都・牛込《うしごめ》公会堂で第一回講演会が行われた。

います。

今回は「座談会」です。今日は狭《せま》くやり、十月中に「来たい」と言われた方だけをお呼びして、あと、十一月に入会された方には知らぬ存ぜぬで、「そんなのがあるんですか」という感じで、なるべく人数を抑《おさ》えていただいたのですが、来年の二月ごろには、少なくとも五百名は入るぐらいの会場で、新春の講演会をやりたいと思っています。

これは事務局のほうの都合《つごう》があると思うので、はっきり言えませんが、東京になると思います。みなさんの交通の便がそう悪くない所あたりで、ちょっとした所を借り切って、やりたいと思っています。そのときに、善川さんも、できたら呼んで、挨拶《あいさつ》をやっていただきたいと思っています。

それと、五月には連休もありますから、このへんで一つ、みなさん、泊《と》まりがけで「研修会」ぐらいやろうではないかと思っています。まだ少し先のことなので、都合がつきませんけど、できたら泊まれる所を探して、講演だけではなく、いろい

●研修会　1987年5月2日～5日、幸福の科学の初の研修会である「五月研修『阿《あ》羅漢《らかん》を目指して』」が滋賀県琵琶湖畔《びわこはん》で開催された。教団初期（1987年～1989年）においては、年に、春と秋に宿泊での研修会が2回、資格セミナーが3回（初級・中級・上級）開催されるなど、人材の養成が行われた。

ろな方々が膝詰《ひざづ》めで話ができるような場をつくり、一泊《ぱく》、二泊でちょっと勉強しようではありませんかと。そういうことを考えています。

ここに集まられたけど、みなさん、これが終わったら、散り散りばらばらにお宅のほうへ帰られるのでしょう？　それではあまりにも寂《さみ》しいので、やはり、みなさんが話ができるような場所を提供して、そういう「研修会」でもやりたいと、今、考えています。

それと、まだこれは未定のことなので、あまり言ってはいけないのですが、今、西荻《にしおぎ》の事務局の近い所に、鉄筋三階建てのビルがあります。ワンフロア六十畳《じょう》ぐらいあるビルですけれども、これを何とか入手する方向●で努力しております。

その二階、三階は、もうすでに六十畳ぐらいの畳敷《たたみじ》きになっています。ここが四十畳ですから、これよりもっと広いです。そのビルが手に入れば、毎月、土曜会ぐらいのことはたぶんできると思うのです。

そうすれば、みなさん、気兼《きが》ねしてくださらなくても、毎月でも会えると思うの

●入手する方向で……　この候補になった物件は、家主が無神論者であったこと等から取得を見送り、新築の画廊スペースという好物件に事務所を移転した。

です。

そして、収容し切れない人数、大人数の場合には、「講演会」ということで、来年の前半は、五百人ぐらいでいいと思うのですけど、後半はおそらく千名以上入る所でないと、たぶんできないでしょう。今の勢いからいくと、おそらくそうなると思います。

「機関誌」は、会員が千名ぐらいになったら始める予定

大川隆法　それと、「機関誌」も、本で予告していますけれども、いちおう会員が千人ぐらいになったところでスタートしたいと思っています。

これから急増してくる段階では、なかなか、経費とか、いろいろなことを計算できないものですから、いちおう千

●講演会　1987年3月8日の第1回講演会「幸福の原理」を皮切りに、「原理シリーズ」と呼ばれる全10回の講演会が行われた。第1回の参加者は約400人、5月31日の第2回講演会「愛の原理」では約900人と、回を追うごとに参加者が急増した。『幸福の科学の十大原理（上巻）』『同（下巻）』（共に幸福の科学出版刊）参照。

名ぐらいになったところで始めたいと思っています。おそらく、●来年の三月ごろには始められるのではないかと思っています。

それまで霊言集だけだと、一般《いっぱん》の方もみんな読んでいますから、「なかへ入って、何にもない」「三月まで出てこないなんて冬眠《とうみん》の熊《くま》ではあるまいし、いいかげんにしてください」と言われるものですから（会場笑）、今日、引っ張り出されて、ちょっとしゃべっています。

それから、「二月ぐらいまでは、しょうがないから何かサービスしないといけないね」などと、考えています。

ですから、また顔見せしましょう。

●来年の三月ごろ……　月刊「幸福の科学」として1987年４月に創刊され、2020年現在に至るまで30年以上、400号以上にわたり、幸福の科学の今を伝え続けている（写真左は創刊号。中央は1988年。右は2020年７月号）。

病気や悪霊《あくれい》などの悩《なや》みに対してつくった「小冊子」を読み、お待ちいただきたい

大川隆法　それ以外に、今、小冊子を後ろに置いてあります。

今日、座談会があり、地方の方もいらっしゃるので、せっかく来た以上は、何かお土産《みやげ》を持って帰っていただきたいので、こうしたものも急遽《きゅうきょ》つくりました。『正心法語《しょうしんほうご》』と『祈願文《きがんぶん》』は、みなさん、入会のときに、もう入手されているでしょうけれども、それ以外に、『幸福の科学入門』『光明《こうみょう》生活の方法』『反省の手引き』『人生に勝利する詩《うた》』『悪霊《あくれい》から身を守る法』『病気に打ち克《か》つ法』をつくりました。

まあ、病気の方もいらっしゃると思って、一つぐらいは書いておかなければいけないし、悪霊に悩《なや》んでいる人がたくさん相談に来ますので。私は、残念ながら、全員に会えないものですから。悪霊にはそんなに会いたくもないですしね（笑）（会

●祈願文　祈願文については、高級諸霊の霊示の集成だった旧版から、1994年、エル・カンターレ信仰中心へと移行した際に、ヘルメス神の霊示による『祈願文（きがんもん）①②』に改められた。

場笑)。できれば本を読んで、追い払《はら》ってくれるのがいちばん早いですから、簡単なパンフレットを書かせていただきました。

霊言集だと、二百ページ、三百ページあるので、一回読んだら力が尽《つ》きてしまって、半年ぐらいたってから、もう一回読んだりするような人が多いと思いますが、パンフレットは短くて、十枚、二十枚ぐらいしかありませんから、手軽に鞄《かばん》のなかにでも入れて、電車のなかで読むなり何なりしていただければいいと思います。

『幸福の科学入門』は簡単な総論ですけど、「私たちが、今後目指しているものの方向、全体の大きさがどういうものか」ということを簡単に書いてあります。あれは総論で、やがて各論がたくさん出てきます。そういうのを書いてあります。

あとは、どうやらグチュグチュ悩んでいる方が会員にも多いようなので、それではいけないということで、『人生に勝利する詩』といって、ちょっと大風呂敷《おおぶろしき》を広げて詩《し》を書いてあります。あれを声に出して読んで、何となく気が大きくなって、「何だかつまらない。もう悩むのはやめた」という人が出てくるといいなと思っています。

それから、『反省の手引き』。やはり来ている人を見ると、仏教系が多いのです。仏教系というのは、反省を言わないと満足しないものですから（笑）（会場笑）。「では、やはり要《い》るでしょう」ということで、『反省の手引き』。

ああいうパンフレットは、みんな「一時間」で書いたのです。一回一時間でサッと書いて、全然直していないのです。ですから、大したものではありません。

サッと書いて出して、事務をやってくれた方がワープロを打ってくれて、それから、ほかの事務局の方々がコピーをしてくれたり、あと、急遽、土日に五人も六人も来てくれて、製本してくれたりして、たいへん労力がかかっています、あのパンフレットをつくるのに。コピーだけでも数万枚取ったそうです。折ったりしているうちに、手を切ってしまったり指を切ってしまったりして大変だったそうです。

私が速いからやろうかと思ったのですが、「やめてくれ」と言われて。私は速いんですよ。封筒《ふうとう》を舐《な》めたりするのは、ものすごく速くて（笑）（会場笑）。

商社時代、海外に行っていまして、一年ほどニューヨークにいました。研修を兼ねて行っていて、まあ、研修生だったので、雑用を全部やらされたわけです。海外で、外人さんの秘書、アシストがたくさんいるのですけど、先輩《せんぱい》たちは、いかんせん英語の出来が少し悪くて、アメリカ人の女の子を手足のように使うのは少し難しい。英語はそれほどしゃべれないから、「ちょうどいいのが来た」「ああ、手足が来た」ということで、「おい、コピーの紙が切れた」「輪転機を回せ」、あるいは「これを発送だ」とか、いろいろと言われたので、私は発送が非常にうまくなりました。

アメリカの書類というのは、単に「○○銀行様」宛《あ》てで封筒を打って送っても、着かないのです。例えば、住所は「ここのバンカーズ・トラストの十三階のジャパニーズセクションのアテンション誰《だれ》それ」と、ここまで書かないと、書類が着かないのです。それで、〝印刷ができない〟わけです。

そして、英文タイプというのがありまして、その日の書類を見て、中身を見て、英文タイプも見て、パチパチパチパチパチッとタイプを打って、宛名をたくさんつくるわけです。そして、パッと開けて書類をササササッと投げ込《こ》んで、ひと舐めでペロッと舐めてパチッと叩《たた》くのです（会場笑）。これが、特技の要るところで、いちばん難しいのです。

書類が出るのは、ちょうどお昼前です。十二時半まで会社があるのですけど、先輩は、十二時半まで仕事をして、「終わったから、食事に行こうか」と来るわけです。そして、終わった書類を私のほうにダッと投げるわけです。

そうすると、私はそれから〝封筒打ち〟をしなければいけなくなります。宛名を打ち、書類をなかに入れて発送しなければいけないのです。これに十分以上かかると、飯《めし》に置いていかれるわけです。一人で寂しくどこかに行かなければいけないのです。

これが神業《かみわざ》のようでした。水で封筒を塗《ぬ》っているようでは、間に合わないのです。パッと打って折り畳《たた》んで三つ折りにして、パッと投げ込んでペロッとひと舐めしてパチッと（会場笑）。だいたい三十通を、封筒の宛名打ちから、なかに入れて、封をして発送係のところに持っていくまで、十分以内で絶対やるということなのです。

三十通をだいたい十分でやるということは、一分に三通ですか。二十秒以内に、宛名打ちと、書類をばらしてなかに入れ、舐めて封をするところまでやらなければいけないのです。

こういう〝難しい仕事〟をしてきたので、製本とか、ああいうのをやらせていただけば、私がたぶん〝いちばん速い〟と思うのですけど、許してくれないので、やむをえず、いろいろな方に頼《たの》みました。

そういう努力をしていただいて、できたもので、その収益金も、会の今後の運営資金にさせていただきます。八冊ほどあれば、一、二カ月、ペラペラしているうちに日が尽きるでしょう。そのうちに「講演会」か何かがあって、そのころにまた、ほかのものをつくっているでしょう。それをまた読んでください。それを読んでいるうちに「機関誌」が出るでしょう。

そういうかたちになると思うので、今しばらくお待ちいただければと思います。

Q2 「組織」としてのかたちをどう考えているか

質問者B　ちょっと下世話《げせわ》な質問になるのですが、この「幸福の科学」というのは、組織としてはどういうかたちになっているのでしょうか。

大川隆法　「組織」といいますと？

質問者B　宗教法人、株式会社、有限会社というように……。

最初は間口を広げて活動し、将来的には「宗教法人」を検討している

大川隆法　株式会社ではなさそうですね（会場笑）。有限会社でもないですね、出

資金がまったくないですからね。

宗教法人は、まあ、将来的には可能性があります。

やはり、いろいろと寄付などをされる方がいても税金に取られるので、そういうことを考えれば、そのうち、せざるをえないかなという気もするのですけれども、ただ、最初はなるべく間口を広げて、普通《ふつう》の宗教団体にはしたくないのですね。

それだと、入ってくる人がどうしても……、病気の人がいたらごめんなさい。病気の方とか、あるいは死にそうな方が大勢来られて、「何とか治してください」という方ばかりになると、一般《いっぱん》の方が来にくくなります。

そうではなくて、普通の主婦の方、あるいは学生さんでもサラリーマンでも、気楽に来られるようなかたちにできたらしたいと考えています。

ですから、名前も、「『幸福の科学』という名前は、宗教っぽくないので困る」という意見もたくさんあったのですけれども、それでよいのではないかということになりました。

さまざまな霊言集《れいげんしゅう》を出している理由とは

大川隆法　「しかし、霊言《れいげん》ばかり出していて、『科学』というのもおかしいじゃないか」と言う人もいるかもしれませんが、まあ、見ていてください。これからもっと、さまざまなかたちで数多く出しますので。今はとりあえず方便《ほうべん》として霊言を出しているのです。

あれだけ霊言を出しているものですから、いろいろな方からお手紙を頂いて、「大川隆法さん、霊媒《れいばい》、ご苦労さんでございます」なんていうものが来たり（会場笑）、「本当にお疲《つか》れ様でした」などといった慰《なぐさ》めのお手紙も頂いたりしています。

ただ、別に私は、霊媒をしなくても、口で語らなくても、あの世の霊とは心のなかで思っただけで話ができるのですから、もう自由自在なのです。

だから、そんなことをする必要はなく、あの世の人と話して、自分で書けばいいのです。文章ぐらい、いくらでも書けるのですけれども、それではちょっと「勉強材料」が足りないでしょうから、とりあえずの方便として、「霊言集」というものを出しましょうということでやっているのです。「いろいろな霊がさまざまなことを考えているから、この個性の違《ちが》いを分かってみてください」「神道《しんとう》系、仏教系、キリスト教系と、どう違うか、みなさん勉強してください」というわけで、土台づくりをしているのです。それらをすべて見てください。

そして、二十世紀の後半までに説かれた既成《きせい》の教えというものを一通り総ざらいして、これから新しい教えに入っていきたいと思うのです。

あらゆるもののもととなる「根源《こんげん》の法」を説き、幅広《はばひろ》い教えとする

大川隆法　これからの教えとしては、必ずしも、「宗教」でなければならないということでもないでしょう。宗教とはいっても、今、マスコミで言われているような宗教というものは、あまりよくない宗教ばかりです。それでは困るものですから、もう少し広いものにしていきたいのです。

本来、宗教というのは、「根源《こんげん》の法」、「この世の成り立ち」、それから「人間の生き方」、こういうものを教えるものです。これが、時代が下ってくるとともに、単なる宗教になったり、神学になったり、哲学《てつがく》になったり、文学や芸術、さまざまなものに分かれてきたのだと思います。

ところが、もともとのものは一つなのです。

私が大学で専攻《せんこう》した法律でも、民法や商法など、契約法《けいやくほう》がたくさんありますが、「契約法」とは何でしょうか。もとを言えばどこですか。三千二百年前の「モーセの十戒《じっかい》」ではないですか。契約とは何ですか。『旧約聖書《きゅうやくせいしょ》』とは何ですか。「旧約」というのは、旧《ふる》い神様と約束したことでしょう。『新約聖書《しんやく》』は「新しい約束事」でしょう。契約でしょう。ですから、契約のもとを辿《たど》れば、これも宗教なのです。

法律にしても同じです。神の法が衰《おとろ》えているため、今、刑法《けいほう》等をつくって罰《ばっ》したりしているのだけれども、本来、ああいうものは、「神の心」、「実在界の精神」というのが分からなければできないことなのです。法律だけで人を裁くのは難しいことなのです。

・聖徳太子《しょうとくたいし》の「十七条憲法《じゅうしちじょうけんぽう》」に入っている仏法真理《ぶっぽうしんり》

大川隆法　あるいは、憲法でもそうでしょう。今は占領下《せんりょうか》の憲法です。「マッカーサー憲法」というのを、みなさんは最高のように思っているかもしれませんが、決してあれが最高なわけではなく、例えば聖徳太子《しょうとくたいし》の「十七条憲法《じゅうしちじょうけんぽう》」もあります。あいうものは古いものだと、みな考えているけれども、あの「十七条憲法」をよく読んでみると、そのなかには本当に真理が入っているわけです。

第一条では「和を以《もっ》て貴《とおと》しと為《な》せ。忤《さか》ふること無きを宗《むね》とせよ」というように謳《うた》っています。

それから、聖徳太子は、「彼必ずしも非《ひ》ならず」「われ必ずしも真ならず」ということで、「共に凡人《ぼんじん》ではないか。同じく凡人なのだから、みな、相集《あいつど》って、よく議論して物事を決めていきましょう」と、「十七条憲法」のなかに民主主義の原理というものをはっきりと謳ってあります。

これらは、本来、何かというと、神法《しんぽう》であるわけです。神の法であり、仏法真理《ぶっぽうしんり》なのです。それが憲法のもとです。それがそのようになっています。

あるいは、政治というものがあります。今、いろいろな政治が行われています。この会場のなかには、どうやら政治家を目指している方もいらっしゃるようです。政治をやっている人は多いのですけれども、これにしても、もとは何でしょうか。

例えば、日本神道系のもとは神政政治です。天照大神《あまてらすおおみかみ》にしても、宗教家であり政治家でありました。宗教というのは、当時は政治の中心だったからです。

・ギリシャ哲学《てつがく》で説かれる「転生輪廻《てんしょうりんね》」等の仏法真理《ぶっぽうしんり》

大川隆法　また、ギリシャの哲学《てつがく》はどうでしょうか。

ソクラテス、プラトンなど、たくさんいます。アリストテレスもいます。そういう方々は哲学者だといわれているわけですけれども、では、彼らは哲学者かといえば、中身は私たちと同じです。本質は宗教家なのです。

もし、みなさんが嘘《うそ》だと思うのであれば、プラトンの『パイドン』という本がありますので、百ページぐらいですから、まあ、見てください。なかに何が書いてあるか。ソクラテスが何を言っているか。ソクラテスが言っているのは転生輪廻《てんしょうりんね》のことです。それを一生懸命《いっしょうけんめい》言っているのです。

それから、ソクラテスは幽体離脱《ゆうたいりだつ》してあの世へ還《かえ》っていたのです。あの世の如来界《にょらいかい》に還って、光子体《こうしたい》で地上を見ていたのです。そうすると、小さな地球がクルクルクルクルと回って見えた。こういうことが『パイドン』のなかに書いてあります。ソクラテスという方は「宇宙即我《そくわれ》の悟《さと》り」を悟っていたわけです。肉体から抜《ぬ》け出し、はるかなる地球というものを見たことがある方なのです。

ですから、当然、ほかの立場で出れば宗教家です。この方は、ギリシャの哲学の祖となり、西洋の学問の祖にもなりました。プラトンにしても完全に宗教家的な魂《たましい》です。アリストテレスなどはちょっと難しくしてしまったものだから、あとが困っているのです。自然科学等と一体になってきましたけれども、こういうものはみなそうです。

・近代自然科学の祖ロジャー・ベーコンや哲学者《てつがくしゃ》のフランシス・ベーコン、発明家のエジソン、物理学者のアインシュタインも光の天使

大川隆法　あるいは、ロジャー・ベーコンという人が十三世紀にいましたが、この方などは近代の自然科学の祖のような方です。このロジャー・ベーコンも光の天使です。

ベーコンということでもう一つ言えば、フランシス・ベーコンという人もいますけれども、ベーコンといっても、ハムではありませんよ（会場笑）。ベーコンという偉《えら》い哲学者《てつがくしゃ》がいたのです。この人も光の天使です。

フランシス・ベーコンの過去世《かこぜ》は何でしょうか。みなさんも『聖書』で読んだことがあるかもしれませんけれども、ダビデの子のソロモン王という人がいました。

このソロモンという人がフランシス・ベーコンの過去世なのです。一昔前に出ると、ソロモンとして生まれているのです。『聖書』を読むと、『旧約聖書』のなかにソロモンの「箴言《しんげん》」があります。「賢《かしこ》い人だ」と言われていました。その人があとの時代に出てくると、フランシス・ベーコンになって「哲学」を説いたりします。こういうことがあるわけです。

このように、いろいろなかたちで真理というものは出てきているのです。

ですから、時代が今、二十世紀になってきているから分かれているだけで、本来、もう、「宗教」も「哲学」も「科学」も、もとは一つなのです。「科学」だってそうでしょう。エジソンも光の天使です。エジソンは如来界にいます。それから、アインシュタインともよく話をしています。

ただ、アインシュタインの霊言は、以前、一回出そうとしたことがあって、第五巻の『ソクラテスの霊言』のなかに入れようとしたのですが、アインシュタインの相対性原理はまだ分かったものの、そのあとの大統一理論については、私は言っていることが全然分からないので、しかたがありません。みなさんには申し訳ないのですけれども、残念ながら、アインシュタインの大統一理論というものが私には十分に理解できないので、これを世に発表することはできないのです。もう少し勉強して、それを受けられるようになったら考えますけれども、こういう方もいます。みんな光の指導霊です。

・過去の宗教等を総ざらいして、本来の宗教のあり方に戻《もど》す

大川隆法　ですから、この世の学問、あるいはいろいろな職業に分化していっているのですが、これらはみな関係があるのです。本来の宗教のあり方に戻《もど》したいと考えています。

今のいわゆる括弧《かっこ》付きの「宗教」ではなく、本来は何かというと、諸学のもとになったのは宗教であり、神の法です。あるいは、人間の生き方の基礎《きそ》になった道徳論も何もかも、すべて、もとから出ているのは「真理」です。ここから出ているの

です。

私たちは、本来のあり方、本来の姿というものをもう一回戻してみたい、過去の宗教も何もかも総ざらいして、本来のあり方というのをもう一回探《さぐ》ってみたいと思っています。

それを「宗教」と呼ぶかどうかは人の自由です。それは後世の人が定めることだと思います。

よろしいですか。

「神の心」の探究を第一とし、明日《あした》の糧《かて》は与《あた》えられると考えている

質問者B　（続けて）伺《うかが》いたかったことは、ほかのわりとまともな団体でも、みな苦労しているのは、要するに、意を同じくする人が集ってきて会ができると、この世で動いている以上、どうしても「必要経費」、「お金」というものが動いてきます。

否《いや》でも応《おう》でも「税金」の輪をかけられ、それを梃子《てこ》にして圧迫《あっぱく》を受けるというと

ころで、困っているケースを見たり聞いたりしたこともありますので、どういった処理をされるのかと思っています。

大川隆法　ご心配いただいてありがとうございます。

まだまだ、活動資金まで十分に頭が回らなくて、私の生活費が出ないような状態でございまして、一円も入ってこないのですよ（笑）（会場笑）。

まあ、ゆっくり考えます。

ただ、高級霊がついているから、何とか面倒《めんどう》を見てくれると思うのです。「あなたがたが困ったら、もう、どんなことをしても、生きていくだけは生かしてやる」と言っているので、私は心配していないのです。いろいろなアドバイスを受けて活動もしていますから、まあ、あまり心配しなくていいのではないですか。

私も、明日《あした》の糧《かて》のことは全然心配していないのです。誰《だれ》かがパンの一枚ぐらいは持ってきてくれるでしょう（会場笑）。

それについては、事務局もあるし、みんなで考えていきます。

それとも、〝金儲《かねもう》け〟ということが気になるのですか？

質問者Ｂ　いえいえ、〝金儲け〟という点ではございません。あとになれば順調になるでしょうけれども、最初のうちは、やはりそうとう苦しい状態になるでしょうし、「ボランティア」をしてくださる方も、最低生活を維持《いじ》する以上、必要なものが出てきますが、それをどうやって集めていくのでしょうか。

大川隆法　例えば、今、受付をしてくれている若手の男性職員の彼は、朝の九時から五時まで事務をしてくれて、五時半から夜中まで焼き鳥屋で焼き鳥を焼いて、生活費を出しておられるようです。そして、土日も来てくれているようです。もう一人の方も同様です。みなさん、夜に働いて、昼間は事務をしたりいろいろとやってくれています。ですから、申し訳ないとは思っているけれども、とりあえず「会報」も出せて、「会費」等が、ある程度一定に入ってこなければ、お手当のようなものは出せませんので。

まして、私にしても一円も入っていないので、貯金を減らしながら毎日生きていますから、もうしばらくはしかたがないと思っています。

来年の春ごろになればいろいろと目処《めど》はつくと思うのですが、あくまでも、金銭的なことはあまり中心になってはいけないと思っているのです。それが中心になって、何人もの人を食べさせていくために、いろいろな活動をするようになったら本《ほん》末転倒《まつてんとう》になるので、いけないと思います。みなさんには申し訳ないのですけれども、なるべく自分の食べる分を何とか調達し、それ以外の余力を投入いただいているかたちです。

私も会社勤めを辞《や》めるに当たっては、その後の自分の生活のことなどを考えるところもありました。

ただ、ずいぶん要請《ようせい》もありましたし、中心になる人がいつまでも、朝の九時から夜の八時まで勤めていたのでは、もう何も動かないということで、「まあ、どうにかなるだろう」と意を決して、この道に入ったわけです。

ですから、その後のことはついてくるでしょう。

まず、私たちは、「神の心がどこにあるのか」、それを探ることが第一であって、その後のことは与《あた》えられると思います。

Q3　青少年の間違《まちが》った霊的《れいてき》知識を正し、天上界《てんじょうかい》の意志に適《かな》う世の中にするためにどうすべきか

質問者C　私は本の出版の最初から、とても楽しみにしていたんです。

今日は、「高級諸霊《しょれい》が天上界《てんじょうかい》から応援《おうえん》に来て、天井《てんじょう》のあたりにしがみついていらっしゃるかもしれない」と思って、とても楽しみにしております。そうすると、先ほどから〝ほの温《あたた》かい〟んですね。

それと、もう一つあります。

私は、放映関係で、アニメだとか、そういうものを書いておりますが、今、特に、若い方、お子さんがたが、あまりにも間違《まちが》った霊的知識を持っているので、とても心が痛んでおります。

でも、私が一人、先生の本をたくさん読んで勉強して、目を三角にしてやっても、製作側など、世の中はまだそれを受け入れないんですね。お化《ば》けとか、そういうのは、からかっているような……。

大川隆法　なるほど。

質問者C　でも、「青少年が、こういう間違った霊知識で成長したら、世の中は目《め》茶苦茶《ちゃくちゃ》になる」と思い、そのことを懸念《けねん》しております。

それで、なるべく先生の本のなかから材料を見つけ、何とか今の人に少しずつ分かってもらえるようなものを書いていくんですけれども、そういうものをまともに書けば、その大事なところだけがカットされるんです。

「将来、どういう方向に持っていけば、天上界の本当の意志に適《かな》う世の中にできるか」ということを、私はいつも気にしているんです。

放映というものは、どんな世界でも、その人たちの心をいちばん強く打ちますので、「そういう社会はいつ来るだろうか。また、どういう方向へ持っていくだろうか」ということについて、いつも心を痛めております。

どうぞ、この二つについてお答えくださいますか。

心のなかにイメージを持っていると、それは必ず実現する

大川隆法　「焦《あせ》ってはいけない」ということです。結局、心のなかにイメージを持っていると、それは必ず実現するんです。

例えば、私にしても、こういう霊的現象が出始めたのは、今からもう六年も前ですけど、六年近く、今まで表に出なかった。なぜ出なかったか。

「一日も早く、いろいろな方々に本当のことを告げ知らせたい」という気持ちはやまやまであったのですけれども、やはり、「先に目指すものが大きいし、遠いから、まず基礎《きそ》を固めていかなければ、私たちは本当のものを遺《のこ》していけないだろ

う」と思ったからです。

日蓮《にちれん》さんが出ただけで、もう近所に触《ふ》れ回り、「日蓮さんが出た、出た。大変です」と言ったら、創価学会《そうかがっかい》の人か何かが来て、一生懸命《いっしょうけんめい》、膝詰《ひざづ》めで話をされ、「それはいい理論だから、新しい理論として創価学会のなかで活《い》かしていただこう」と言われて、一緒《いっしょ》にやって神輿《みこし》を担《かつ》いでいたら、今、こういうことはできないのです。

やはり、全体像を見極《みきわ》めていく必要があると思います。

あなたが一生懸命やってくださっているのは分かりますが、あなたご自身が、私たちの今考えていることを全部分かっているかといえば、まだ分かっておられないんですよ。今出ているのは、「百分の一」ぐらいなんです。「百分の一」ぐらいなので、まだこれからなんです。

やっぱり、少しずつ少しずつ見せていくほうが面白《おもしろ》いと思います。いきなり本《ほん》家《け》・本元《ほんもと》を見せてしまうと、問題があると思うんですね。

まず「人間の生き方」から入って、順番に「宇宙の構造論」など、いろいろなことを少しずつ説いていきます。

そして、先ほども言いましたが、この動きのなかにおいて、この幸福の科学というものは、おそらく単なる宗教ではないと思います。

ですから、ビジネスマンであれば、おそらくビジネスのなかに応用できる生き方が出てくるであろうし、芸術家であれば、芸術のなかにおそらく何らかの精神が宿ってくるであろうし、学者は学問のなかに活かせるだろうし、アニメとかをつくっている方にも、そういうものが出てくるでしょう。

アニメの世界でも、今はちょっと宗教的なものがいろいろなかたちで出てきているようですね。あれは萌芽《ほうが》、一つの芽ですけれども。

この説法《せっぽう》の場には高級諸霊《しょれい》が何人も来て、応援《おうえん》してくれている

質問者C　ヘレン・ケラー様はもしかして、ここにお出《い》でくださっているかなあと思ったりしておりますが、いかがでしょうか。

大川隆法　いろいろな方が来ていらっしゃいますよ、今日も。

質問者C　どういう方がいらっしゃるか、お一人かお二人、教えていただけますか。みなさんも楽しみにしていらっしゃると思います。

大川隆法　ああ、そうですか。どんな方がいらっしゃると思います？　当たったら、「当たり」と言いますから。

質問者C　うーん（笑）、イマニエル（イエス）様。

大川隆法　来ていますね。

質問者C　ヘレン・ケラー様は？

大川隆法　はい、来ていますよ。

質問者C　ああ、ありがとうございます（笑）。ソクラテス様。

大川隆法　ソクラテスは来ていないですねえ。ちょっと努力が足りなかったようです（笑）。

質問者C　日蓮様。

大川隆法　はい、来ていますよ。

みんな天井にへばりついて……（会場笑）。

それは冗談《じょうだん》ですけどね。

昨日《きのう》あたりから、もう彼らもそわそわしてしまって、大変なんですよ。

私は、「人前に出るのは久しぶりだし、困ったなあ」と思い、今日はスーツが合うか合わないか、心配していたんです。しかし、「いや、そんなことを思い煩《わずら》うな。われらがついているから、何かはしゃべれる。一言《ひとこと》、二言はしゃべれるから、出てください」と言って、みんな応援《おうえん》してくれました。

私の言葉や書いている本のなかに「聖霊《せいれい》の言葉」が入っている

質問者C　大川先生を通じてお話をしてくださいますか、ちょっとだけ（笑）。

大川隆法　それはやめておきましょう。

質問者C　今日は駄目《だめ》ですか。

大川隆法　はい、それは駄目です。それは貴重なものですから、そう簡単に……。

質問者C　残念ですねえ（笑）。

大川隆法　私がしゃべっていることのなかにも、いろいろな方がチョコチョコと言葉を挟《はさ》んでいるんですよ。だから、私の言葉のなかにも「聖霊《せいれい》の言葉」が入っているんです。キリスト教系の話をし出すと、キリスト教系の霊たちがだんだんいろいろと影響《えいきょう》してくるんですね。神道《しんとう》系のことを言えば神道系がね。

私は、今、理論書をいっぱい書いていますが、理論書を書いていて困るのは、ときどき、自分が書いているのか、自分が書いていないのか、分からないときがあることです。「これは自分が書いていることなのか、どうなのか」と。

今、理論書で、『太陽の法』『黄金の法』『永遠の法』という三部作を書いています。

『太陽の法』は、「大きな構造論」と、あと、「人間の生き方」「悟《さと》り」とか「愛」とか、そういうことについても書いてありますが、これは出来上がりました。

二巻目は『黄金の法』で、これは「光の天使の歴史」です。「西洋の歴史」「東洋の歴史」を全部書いてあります。要するに、神様の側から見た地上計画、「どういう計画の下《もと》に、地上にこういう人が出て、このようになってきたか」ということを全部書いてあります。これは歴史書です。これが二巻目。

三巻目は、今書いています。『永遠の法』というものです。これでは、あの世の世界をすべて明かす予定です。

『太陽の法』（幸福の科学出版刊）

『黄金の法』（幸福の科学出版刊）

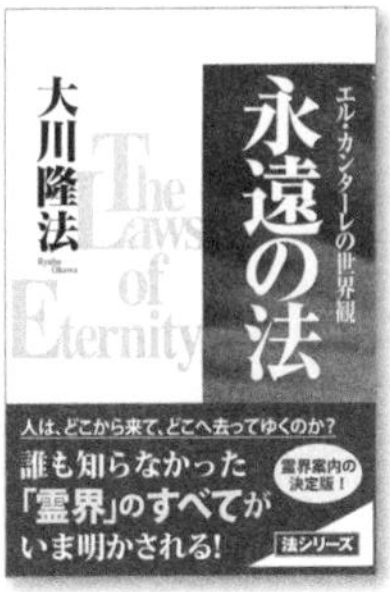

『永遠の法』（幸福の科学出版刊）

予定です。

「すべて」ではなく、「ページ数が許すだけ」ですけどね（笑）。第1章は「四次元」、第2章は「五次元」、第3章は「六次元」という感じで、「九次元」までを全部書く予定です。

ただ、この三部作はあまりにも恐《おそ》ろしい内容ばかりなので、「出版社をどうしようか」と思って、今、悩《なや》んでいるところなんですよ。あまりにも強烈《きょうれつ》なので、出すところがあるか、ないか。

まあ、そういう感じでやっています。

本を書いているんですけど、歴史書を書いていて、自分が書いているのか、あるいは言及《げんきゅう》されているその人が来て書いているか、分からないことがあるんですね。

だから、私の体は、もう本当に、〝公共物《こうきょうぶつ》〟で自由自在なんです（会場笑）。〝公共物〟なんです（笑）。お昼ご飯《はん》を食べているときだけ、「これは自分が食べているんだろうなあ」と思ったりしますが（会場笑）、ほかの人で、「私も頂いています」と言う人がいないとは限りません。

だから、また、そういう方向は開けていけるでしょう。

それと、（今日は）霊言《れいげん》は極秘《ごくひ》にさせてください。

あまりみなさんの前で〝安っぽく〟したくないものですから。ね？　聖霊たちに申し訳ないから。「聖霊の言葉」は、私の言葉のなかにチラチラ入っていますから。

Q4　実在界では、霊《れい》はどのような姿をしているのか

質問者D　実在界において、人間がお互《たが》いを認識する「人相《にんそう》」というのは、いったいどうなっているのでしょうか。

例えば、何回もこの地上界に肉体を持ちますと、幾《いく》つも顔を持つことになるわけですけれども、その本当の元の顔というものはあるのでしょうか。それがいちばん疑問に思っていたのです。

実在界では、顔やスタイル等、いろいろなことが自覚しだいで自由自在

大川隆法　なるほど。いや、面白《おもしろ》い質問ですね。

結論を言いますと、いちばん新しい顔をしています。何回も生まれ変わっている

けれども、そのたびに、最新の顔で、最新のスタイルで還《かえ》っています。

ですから、最近亡《な》くなったある宗教家などが出てきたら、ずばり、そのままです。実在界にはいろいろな方がいらっしゃいますが、彼の周りの人は長い布のようなものを着て、古代の王冠《おうかん》などをして、杖《つえ》をついて出てきます。ただ、彼は最近の人なので、彼だけネクタイをしているのです。

そういうことで、一人だけネクタイをしているものだから、どうやら、けっこう〝いじめられて〟いるようなのです。「おまえだけいい格好をしよって」。赤いネクタイなんかして、ちょっと、どうにかならんか」などと、いろいろ言われているけれども、「私は、これ以外のスタイルはないんですよ！」などと言っているようです。

ですから、原則はいちばん新しい格好をしています。ただ、あの世の世界は、思ったらすぐに実現する世界ですから、変えられるのです。

例えば、『卑弥呼《ひみこ》の霊言《れいげん》』のなかで、「紫式部《むらさきしきぶ》の霊言」を読まれた方は分かると思いますが、紫式部は、今、ハイヒールを履《は》いているわけです。「ハイヒールを履いて、冬にはロングドレスを着て」などと、自分で言っているわけです。「今日は黒です」というように、日によって替《か》わっているのです。

ところが、清少納言《せいしょうなごん》という昔のライバルと会うときには、そうではありません。清少納言は、まだそんなに意識が高くないので、残念ながら、いまだにあの世の世界で、昔の十二単《じゅうにひとえ》を着て生活しておられるのです。ですから、そこへ紫式部が行くときには、やはり十二単に替えて行かないと、分かってくれないのです。ハイヒールを履いて行ったら、「あなた、何？　何それ。足に武器を持って。尖《とが》っているものを足に付けちゃって。これで蹴飛《けと》ばすつもりでしょう？」などというようになるわけです。

もちろん、その人の自覚しだいではあります。自覚が高くなれば、いろいろなことが自由自在なのですけれども、自覚が低いと、まだ生きているようなつもりでいるのです。

特に、死後まもない方というのは、もうまったくそのままであり、病人などはそうです。死んであの世で苦しんでいる病人などというのは、みんな、そのままだと思っているのです。「自分が死んだ」とは思っていなくて、「自分は、きっと病院の隔離病棟《かくりびょうとう》か何かに入って、一人だけ、そこに置かれているに違《ちが》いない。その証拠《しょうこ》に、私の心臓もドクドク動いている。生きている証拠だ。心臓が動いている」と思っています。本当に心臓が動いているのです。

何百年、何千年もあの世にいる人は、もう、心臓があることなど忘れていますけれども、最近の方はちゃんと持っています。ただ、切っても血が出るわけではないのです。出たら気になるものですけどね。そういうこともあります。

「念の使い方を知る」ことも、あの世の修行《しゅぎょう》の一つ

大川隆法　ですから、実在界ではいちばん新しい格好をしています。ただ、それでも、結局、どういうかたちを取るかということは、「念の力」なのです。

それで、「念の使い方を知る」ということが、あの世の修行《しゅぎょう》の一つなのです。そ

れを知らないと、人間と一緒《いっしょ》の生活をしています。まだ五次元善人界ぐらいだと、草餅《くさもち》を食べて、「ああ、今日のお茶はおいしいわ」などと言っているのです。

そういう人は、その意識の世界から逃《のが》れられません。ただ、もう少し高い霊格《れいかく》を持って、いろいろなことを知っていて、思ったとおりになるということを知っていれば、だんだんそうなってきます。

六次元光明界《こうみょうかい》ぐらいの人になってくると、そのあたりのコントロールをかなり知っています。

例えば、イエスが、『聖書《せいしょ》』の「マルコ伝」のなかで、「『この山動きて海に入《い》れ』と言えば、しかなるべし」と言っています。そういうことを言っていますけれども、これには、次のようなことがあったのです。

イエスが、お腹《なか》が空《す》いてしまって、イチジクの木のそばを通ったときに、イチジクを食べようと思って見たら、まだ実がなっていなくて食べられなかった。すると、イエスは、「汝《なんじ》、この先において、実が食べられることのないように」と、お腹がいっぱいにならなかったものだから、悔《くや》しくてちょっと言ってしまった。そうしたら、翌日、そのイチジクの木の前を通るときに弟子《でし》たちが見て、ペテロが、「イエス様、あのイチジクの木……」と言うわけです。イエスが「何ですか」と言ったら、「枯《か》れていますよ。先生がちょっと毒づいたら、もう枯れてしまった」と、こういうことを言いました。

あまりいい話ではないけれども、イエスもよっぽどひもじかったのでしょう（会場笑）。私は、イチジクの木に実がなっていないからといって、熟していないからといって、悪口を言わないとは思うけれども、そういうことを言いました。

そのときに、イエスは、「汝ら、よく知りなさい。信仰《しんこう》の力というのはどれだけ強いかということを知りなさい。信じて、それを疑わざれば、『この山動きて海に入れ』と言えば、しかなるべし」ということを言っていますが、イエスが思えば、もちろん、そのとおりなのです。

この世では、ショベルカーを使えば山は海のなかへ入《はい》るのですけれども、思っただけでは、なかなか海のなかへは入りません。

あの世でも、やはり山もあれば川もあります。また、あの世の霊人《れいじん》でも、高い霊格を持ち、力を持っている人は、あの世にエベレスト山のような山があって、「この山動きて海に入《い》れ」と言えば、あの世の山は本当に崩《くず》れてしまうのです。ダーッと入《はい》ってしまいます。

ところが、普通《ふつう》の幽界《ゆうかい》・善人界にいる人にそんなことを言っても、信じないのです。「山が崩れるわけがないでしょうが。あなた、バカなことを言いなさんな。私は、『草餅《くさもち》、出てこい』と言って、草餅が出てくれば十分です」と、そう思っている人は、それ以上のことは絶対にできないのです。

そういうことで、例えば、衣服などでも、思ったら出てくるということを知っている人は、自由自在にファッションを変えているわけだけれども、それを知らない人は、あの世でも服をつくるのが得意な人がいるので、その人に頼《たの》んでつくってもらったりしているのです。これは、そういう世界だということを、まだ知らないのです。

ですから、あの世は「思いの世界」であり、だんだん自由自在になってきます。

生前の姿をもとにしつつ、自分の好きな年齢《ねんれい》の姿でいられる

大川隆法　あの世の世界でも、幽界とか善人界の人は、たいてい、生前の姿そのままをしています。

ただ、年齢《ねんれい》は、だんだん自由自在になってくるようです。自分の好きな年齢になってくるようです。

例えば、先ほど誰《だれ》かがおっしゃったけれども、吉田松陰《よしだしょういん》さんは二十九歳《さい》ぐらいで亡くなっています。では、あの世でも二十九歳でいるかというと、感じは四十歳ぐらいです。四十歳ぐらいの、そこそこの先生という感じでいらっしゃいます。

坂本龍馬《さかもとりょうま》さんはどうかというと、三十二歳ぐらいで亡くなったけれども、やはり若いのが好きなのです。三十代というよりは、二十七、八歳ぐらいの気持ちであり、

女の子を追いかけているかどうかは知りませんけれども、そういう格好を取っています。

ですから、好きな年齢を取ることができます。これは自由自在です。

また、今はちょうど、『谷口雅春《たにぐちまさはる》霊言集』というものを製作中です。「生長《せいちょう》の家《いえ》」の初代総裁で、去年の六月に亡くなった方です。この人の霊言集を、「古い人ばかり出したのでは全然分からない。イエス様なんて分かるか。本物かどうか分からない」「では、『生長の家』の総裁を出してみましょう。去年に死んだ人の霊言を出して、それを読めば、本当かどうか分かるでしょう」ということで出しますが、今、つくっています。

彼は九十一歳ぐらいで亡くなりましたけれども、実際、今の年齢はどのくらいかというと、見てみると八十歳ぐらいです。七十代後半から八十歳ぐらいです。やはり、お年寄りの格好をしていないと、気が済まないようです。そういう格好をしています。

やはり、年齢などは自由自在なようです。いいですか。

相手が分かるかたちを取ったり、自分が安心できる姿となる

質問者D　ええ。では、結局、地上に出たときの肉体で、お互いを表現し合っているということですね。

大川隆法　そうそうそうそう。ですから、相手が分かるようなかたちを取るわけです。

しかし、冗談《じょうだん》がきつい人は、「今、どんな格好をしていますか」と言うと、「私はホタルみたいなもので、枝にとまって、光っているだけですよ」などと言って、煙《けむ》に巻こうとしたりします。

分からないんですよね。目に分かるようなかたちでは言えないんです。分かるよ

うにしようとすれば、ネクタイをして出てくるわけですが、本来はそういう世界ではなくて、自由自在なわけです。冗談を言って、「今は土管のなかへ入って寝《ね》ているんですよ」などと、面白いことを言うのですけれども、本当はそういう格好ではないようです。

あの世では、上へ行くほど「意識だけ」になってくるようです。ところが、地上の生活の部分が多い人は、やはり、そのかたちでないと安心しないので、二本足で歩いているのです。あの世でも、足がちゃんとあって歩いていますが、霊人でも、ちょっと霊能力が高くなってくると、自由自在に空を飛んでいます。天使などはそうです。羽が生《は》えて飛んでいます。羽はなくても飛べるのですけれども、羽がないと落ちるような気がするから、いちおう付けているのです。そういうことです。

Q5　イエスと日蓮聖人《にちれんしょうにん》が霊言《れいげん》でスタンスが違《ちが》うのはなぜか

質問者E　『キリストの霊言《れいげん》』で、「ルターが出て宗教改革をした」というキリスト教の流れに関して、イエス・キリストはかなり詳《くわ》しく述べていますが、一方で、日《にち》蓮聖人《れんしょうにん》は、日蓮宗に対して明言を避《さ》けています。そのように、日蓮宗に対して、日蓮聖人が明言しない理由というのは何なのでしょうか。

「幸福の科学の使命が、日蓮宗系《にちれんしゅう》の教義の修正ではない」ことを配慮《はいりょ》する日蓮

大川隆法　日蓮宗系《にちれんしゅう》は、現に活動をしている団体がたくさんあるでしょう。例えば、創価学会《そうかがっかい》もあれば、立正佼成会《りっしょうこうせいかい》もあるし、たくさんあります。

●イエス・キリストは……　現在は『大川隆法霊言全集 第5巻』(前掲)に収録。

彼らに対して、例えば、日蓮がいろいろなことを言ったとすれば、彼らの教義を修正することが私たちの使命になってしまうから、彼はそれを恐《おそ》れているわけです。「そういうことはしなくても、本物が出れば、やがて分かってくるから」ということで、あえてしていないのです。

今は直接、日蓮がいちばんの調整役をやっていて、いろいろなやり方を決めてくれているのですけれども（説法《せっぽう》当時）、そういうことを慮《おもんぱか》ってのことのようです。

クリスチャンに対しては、イエスの弟子《でし》の霊言《れいげん》を出していきたい

大川隆法　イエスは、あまり出てきたことがなく、珍《めずら》しく出てきたものですから、いちおう言いたいことを言わないと、もう「はらふくる心地《ここち》する」というやつで、お腹《なか》が膨《ふく》れてしまうから、いちおう言ったようです。めったに出たことがないからだと思います。

ルターとか、そういう人たちも、やがて霊言《れいげん》を出しましょう。そして、キリスト

教の流れも明らかにしたいと思います。

お手紙はずいぶん頂いているのですけれども、見ていると、ちょっとクリスチャンが少ないのです。神道《しんとう》系・仏教系の人はけっこう多いのですが、クリスチャンが少ないので、どうも『キリストの霊言』をそのままずばり出したのでは、ショックが大きくて信じられないみたいです。

ですから、もう少し、お弟子《でし》さんを出して、固めていきたいと思っています。やがて出るでしょう。

Q6　自分の霊格《れいかく》を高めるためにどうすればいいのか

質問者F　ビジネスマンという立場から質問させていただきます。

ご本等は全部読ませていただいていますけれども、結局、私なりに解釈《かいしゃく》しますと、「どう生きればよいか」というと、「人それぞれの立場と、今、与《あた》えられている仕事を通じて、より一人でも多くの人に尽《つ》くせるように、世界のために尽くせるように、日々、努力をすることだ」と今、考えています。

そして、そのためには、自分の霊格《れいかく》を、日々、高める努力がいちばん大事だろうと思っています。

では、どうしたら高められるのかということで、自分なりに悩《なや》みながら、例えば、日曜坐《ざ》禅会《ぜんかい》に行ったり、直感力とか、そういったものをつけるために、「○○瞑想《めいそう》法《ほう》」という流行《はや》りのものをやってみたり、あるいは、美しいものを見たり、美しい音楽を聴《き》いたり、よいことが書いてある本を読んだり、テレビでも、教養的な、自分にとってよさそうなものを観《み》たり、いろいろな努力をしているのですけれども、そうした、日々の生き方で参考になるようなことを教えていただければと思います。

まず、「本当のものを知ること」から始まる

大川隆法　これも、日蓮《にちれん》的に言えば、問題集の答えを求めているような感じです。「人生は一冊の問題集ですから、自分で解かなければいけない」と言われればそのとおりで、人生問題も各人各様で違《ちが》いますから、同じことは言えないのです。

ただ、言えることは、「まず知ることから始まる」ということです。まず知ることから始めないといけません。何でもかんでも、よいものには見えるけれども、「本当のものを知ること」によって、だんだん、ほかのものが見えてきます。

例えば、○○瞑想でも何でもよいでしょう。私は、それについて、別に批判をす

るつもりはありません。ただ、私たちのやっていることをじっくりと見て、比較《ひかく》してみると、だんだん、いろいろなものが見えてくるはずです。それが、心のなかに浮《う》かんでくるはずです。そして、それが本当に自分の魂《たましい》の底のうずきなら、それを信じることだと思います。

いろいろなものが、宗教なり、瞑想なり、いろいろなことをやっているのは、もちろん、何かよいところがあるからでしょう。何かよいことがあるから、みな行《い》っているのです。ただ、そのバランス感覚が問題であるわけです。そのための資料を、今、一生懸命《いっしょうけんめい》、提供しているのです。

日蓮聖人《にちれんしょうにん》の「個人相談に対するアドバイス」等から指針を学んでほしい

大川隆法　それと、個人の生き方の指針については、今、ちょうど、『日蓮聖人霊《にちれんしょうにんれい》示集《じしゅう》』という本が出来上がって、出版社に持っていっています。出版社で読んでいるところです（説法《せっぽう》当時）。

●『日蓮聖人霊示集』　現在は『大川隆法霊言全集 第32巻』『同 第33巻』（共に宗教法人幸福の科学刊）に収録。

これは、「二十七人の方の個人相談に対して、日蓮聖人がアドバイスをする」というかたちを取っています。第1章は職業問題です。第2章は病気です。第3章は恋愛《れんあい》・結婚《けっこん》です。第4章は夫婦《ふうふ》問題です。第5章は人生の諸問題です。第6章が真理伝道です。

こういうふうにジャンル分けして、いろいろな方々の悩み事を、手紙や直接のかたちで受けて、それに対する日蓮のアドバイスを載《の》せた本をつくりました。

これは、おそらく「手引書《てびきしょ》」になると思ってつくったのです。人にはいろいろな悩みがあるので、今までの対話編だけではなくて、それを見れば、ほかの人のものですが、たぶん、自分の悩みと同じようなものや、考え方が出てきていると思うのです。

そういう手引書も、今後、いろいろと出します。「人生問答編《もんどう》」のような本を出していきます。

各人みな、それぞれの立場があるので一律なことは言えませんけれども、そういうものを読んでいけば、おそらく、指針が入っているはずです。必ず入っています。
ですから、それを参考にしてください。

Q7 「芸術家の霊言《れいげん》」の発刊予定はあるのか

質問者G　いろいろな人たちの霊言集《れいげんしゅう》が出ているわけですけれども、これから、大芸術家といいますか、芸術家方面の人たちの霊言、そうした、「音楽」とか「絵画《かいが》」とかをやっているような人たちの霊言の予定はございますでしょうか。

芸術家は、「人生論」が少し弱く、本にするには工夫《くふう》が要《い》る

大川隆法　だいぶ収録しています。例えば、「ピカソの霊言」●があります。ピカソやベートーベンは録《と》っています。

けれども、まだほかに出したいものが多くて、予定が詰《つ》まっています。申し訳ないです。あまりつくりすぎると、出版社のほうも印刷できなくて困るし、私たちの

●「ピカソの霊言」　現在は『大川隆法霊言全集 第38巻』『同 第39巻』（共に宗教法人幸福の科学刊）に収録。

ほうも、原稿用紙《げんこう》を埋《う》めるのが大変なものですから。ただ、つくっていますので、やがて出るでしょう。予定しています。

場合によっては、画家や音楽家だけでは物足りなければ、夏目漱石《なつめそうせき》でも誰《だれ》でも、文学者でも出しますよ。ちょうど、二年くらい前に千円札が彼になったのでしょう？（説法《せっぽう》当時）出してもいいですよ。

ただ、かわいそうなのは、例えば、ピカソは、話していても、絵のことを思想として話しているので、非常に苦労しているのです。

それから、ベートーベンなども困ってしまっています。指だけを動かしてもどうしようもないので、何かを言いたいのだけれども、やはり、音楽家になると、人生論が少し弱いのです。残念ながら、芸術家なので、人生論が少し弱くて、自分の曲に事寄せて人生論を説いているのだけれども、ちょっと弱いのです。ですから、もう少し考えて編集しないといけないないなと思っています。

彼らは、やはり、「音楽」なり、「絵画」なりを示すのが本来の使命でしょうから、そういうふうにしたほうがよいのでしょうが、残念ながら、私の手では、ピカソの絵は描《か》けないし、ベートーベンの曲は弾《ひ》けないのです。申し訳ないことです。

ピカソは「梵天界《ぼんてんかい》」にいる光の天使

大川隆法　ピカソは、例えば、現在どこにいるかというと、いわゆる「梵天界《ぼんてんかい》」です。七次元と八次元如来界《にょらいかい》の境目に、梵天界という世界がありますけれども、ここにいる方なのです。

「九十数歳《さい》まで長生きして、一枚数億円もするような絵を描き、〝結婚《けっこん》〟を四回もして、孫娘《まごむすめ》もたくさんつくって、それで光の天使などというのは、よすぎるのではないですか」というように、やっかんでいる人もいると思いますけれども、いちおう「そうです」と言っているので、やむをえないですね（会場笑）。

「四回ぐらい結婚したい人」など、たくさんいるでしょう。そして、描いた絵が「数億円」などというように、お金には恵《めぐ》まれるわ、結婚生活に恵まれるわ、名声は得るわ、もうやりたい放題です。それで「光の天使」と言って、ピカピカに光っているわけです。「ああいう絵を描いて、なぜ光の天使なのか」と思わなくもないですが、どこかによいところがあるらしいのです（笑）（会場笑）。

Ｑ８　亡《な》くなった母は、どの世界に還《かえ》ったのか

質問者Ｈ　たいへん個人的なことで申し訳ないのですけれども、実は私の母が、この間、九月の十三日に亡《な》くなったのです。

ごく平凡《へいぼん》な家庭の人だったので、幽界《ゆうかい》か霊界《れいかい》には行っていると私は思っているのですが、もしも地獄界《じごくかい》に堕《お》ちていたら、かわいそうだと思って、今、〝大川先生の眼〟で見ていただいていいですか。

「成仏《じょうぶつ》」しているので大丈夫《だいじょうぶ》

大川隆法　（質問者Ｈを見ながら即答《そくとう》し）天国に行っています。天国に行っています。大丈夫《だいじょうぶ》ですよ。

質問者H　大丈夫ですか。

大川隆法　大丈夫です。

質問者H　そうですか。

大川隆法　天国に行っているようです。

質問者H　では、「幽界」ぐらいですか、「霊界」……？

大川隆法　まあ、そういう〝格付け〟は気にされなくていいんですよ。

質問者H　では、上に行けましたか?

大川隆法　はい。光の天使までではなってなさそうですが……。

質問者H　そんなことは期待していませんけれども、「地獄界に堕ちていない」ということですね。

大川隆法　はい。成仏《じょうぶつ》しているので、いいのではないでしょうか。

質問者H　そうですね。では、ありがとうございました。

Q9 「エリヤの七大予言」が収録されていないのはなぜか

質問者―『キリストの霊言《れいげん》』のなかに「エリヤの七大予言」が収録されるということが、事前に予告されていましたが、カットされていました。非常に興味があるので、障《さわ》りがなければ教えてください。

幸福の科学の教えは、未来予測ではなく、「人間の生き方」が中心

大川隆法　「エリヤの七大予言」には、天変地異をそうとう書いてあるので、出版社がやはり怖《こわ》くなってしまったようです。

現在一九八六年ですか。現在から今世紀末までのことについて、みなさんも特に興味があるでしょう。「ノストラダムス」等をいろいろ読んでいるでしょうから、

●エリヤの七大予言　本座談会の2年後の1988年に『ノストラダムスの新予言』のなかに収録されて、発刊された。

本当のところはどうなのか知りたいでしょうけれども、そういうことをたくさん書いてあるのです。

ただ、それを見て出版社は怖くなってしまったようです。「そういえば、新宿《しんじゅく》あたりは……」などと多少書いてあったりするので、「こんな本を出して火をつけられてしまったら困る」「天変地異が起こるあたりに、自分のところの出版社があるような気がする。これだとちょっとまずいなあ」などと言い出してしまったわけです。

ただ、今は、エリヤだけではなく、すでにノストラダムスの霊言も収録してありますし、『聖書《せいしょ》』にある「黙示録《もくしろく》のヨハネ」の霊言も収録してあります。

ですから、もう少し収録すれば一冊の本になるぐらいの分量はできていますが、今、もうちょっとそちらのほうが好きな出版社でも当たったほうがよいかなと考えているのです。まあ、好きなところもあるでしょう。「不幸がたくさん起きるとうれしい」などというところ、四百万部も売れてしまったりしているところがありますけれども、そういうところとも話をしなければいけないかなと思っています。

ただ、私たちは、日蓮聖人《にちれんしょうにん》のところから始まっているように、原則としては「人間の生き方」を中心に説いてきています。

ですから、あまり未来予測のことをすると、そういう方面の人がたくさん寄ってきて、興味本位になっていくかもしれないので、これが恐《おそ》ろしいのです。こうしたことを気をつけなければ、せっかく真面目《まじめ》についてきた人々が混乱してしまいます。

そして、「そうですか。一九九九年の八月ですか。そして、どこに雷《かみなり》が落ちるんですか」「横浜《よこはま》は大丈夫《だいじょうぶ》ですか」「仙台《せんだい》は大丈夫ですか」、あるいは「太平洋側の主要都市の一つが危ない」などと言ったら、「どこですか。はっきりしてください」ということを言う人が出てくるので、まあ、考えものなのです。

ですから、幸福の科学の人には、非公式に、事前に月刊誌等に載《の》せておきます。大島《おおしま》の噴火《ふんか》のようになる前に、月刊誌等に載せておくので、そのときは、やはり、荷物をまとめて逃《に》げてください（笑）（会場笑）。

大変な時代だからこそ、「この世を照らす」つもりで活動を始めた

大川隆法　日本は、今のところ、いちおう、まだ沈没《ちんぼつ》はしません。みなさんが生きているうちは沈没はありませんので安心してください。

ただ、アメリカなどは、二十一世紀ぐらいになると若干《じゃっかん》危ないようです。南半分とか、西側などが、ちょっとなくなりそうな感じです。そして、究極《きゅうきょく》的には、ロッキー山脈のあたりだけを残し、合衆国のあたりはすべてなくなっていくでしょう。ただ、カナダの部分は残ります。

そして、今、バミューダ海域といわれている所がありますけれども、ここに「新しい大陸」が出てきます。バミューダ海域というのは、昔、アトランティス大陸があったところです。ここに「新アトランティス大陸」が浮上《ふじょう》してきます。

ただ、みなさんが生きているうちは出てきません。もう少したってからになるので、聞いたところでどうということはないでしょうけれども、このバミューダ海域

に新アトランティス大陸が出てきて、カナダと陸続きになり、菱形《ひしがた》のような大陸になっていきます。

そして、かわいそうですが、アメリカは、ロッキー山脈あたり以外はなくなっていきます。申し訳ありませんが、カリフォルニア、ニューヨーク、それから、フロリダのあたりはすべて沈《しず》んでしまいます（著者注。これらの予言については、米国伝道の広がりや、アメリカにも光の天使が出てくることによって変更《へんこう》される予定がある〔二〇二〇年現在〕）。

日本は、今世紀末は、一部分をやられる程度ですから大丈夫です。そのあたりのことは、月刊誌等をよく読んでおいてください。

今後、天変地異は数多く起きてくるでしょう。また、二十世紀末について、ノストラダムスもずいぶん言っていますが、確かに、大変なことは起きます。

それから、戦争も、来年（一九八七年）あたりから、どうも、その走りが出てくるでしょう。おそらく出てきて、二〇〇〇年ぐらいまでの、あと十四、五年の間というのは、大変な時代になるでしょう。闇夜《やみよ》に沈むように見えるでしょう。しかし、そういう時代だからこそ、私たちは、今、どこかに本物がなければいけないということで、「この世を照らす」つもりで活動を始めたわけです。

だからこそ、天上界《てんじょうかい》でも、今、焦《あせ》っているのです。非常に急いでいます。この世の人たちは急いでいませんが、あの世の人は急いでいるのです。それは、そういうことが、もうはっきりと見えているからです。

地球は一つの生命体――新陳代謝《しんちんたいしゃ》で天変地異も起きる

大川隆法　また、「神様が創《つく》った世界で、そういうことが起きるのはおかしいではないか」と言う人もいるでしょう。

ただ、これは新陳代謝《しんちんたいしゃ》なのです。要するに、皮膚《ひふ》の皮が一枚剥《む》けたり、髪《かみ》の毛が抜《ぬ》けたりしても、また生《は》えてくるでしょう。それと同じようなものです。

地球自体も一つの生命体です。大きいけれども、地球というものが一つの細胞《さいぼう》なのです。生命体であり、地球自体が生きているのです。

大島が噴火したりしているのも、あれも〝呼吸している〟ということです。そういうものなのです。お腹《なか》のあたりがちょっと痒《かゆ》くて掻《か》いたら、アメリカが沈んでしまったりするわけです。

そうしたことは、やはり、人間心では推《お》し量れないところがありますが、長い目で見れば、そういうものもいいのです。

これから地球に起きる文明のアウトラインについて

・二三〇〇年までにムー大陸、今から五、六百年後にはレムリア大陸が浮上《ふじょう》

大川隆法　ほかには、昔、太平洋には、今のインドネシアを中心としたところに「ムー大陸」というものがありましたけれども、これも浮上《ふじょう》してきます。これは、おそらく、もう少し早いでしょう。二二〇〇年から二三〇〇年ごろには出てくるは

ずです。

また、昔、インド洋に「レムリア大陸」というものがありましたけれども、これも出てきます。これはもう少しあとになります。あと五、六百年はかかりますが、浮上してきます。

そして、アフリカの南端《なんたん》の部分は沈み、その「レムリアの部分」と「アフリカの北岸の部分」が陸続きになります。こういうことが出てくるでしょう。

・二四〇〇年ごろに新アトランティス大陸でイエス、二八〇〇年ごろにガーナ大陸でモーセが活躍《かつやく》

大川隆法　先のことをあまり言ってはいけないとは思いますが、例えば、二四〇〇年ごろには、先ほど述べたバミューダ海域に出てくる「新アトランティス大陸」に、イエス・キリストの魂《たましい》がもう一回生まれてきます。

そのときに、また、みなさんのなかで、その新大陸に一緒《いっしょ》に生まれる人もいるで

しょう。二四〇〇年ごろです。

その後、西暦《せいれき》二八〇〇年ごろ、今述べたレムリア大陸の新しい部分、これを「ゴンダアナ大陸」（ガーナ大陸）と言ってもよいけれども、そこにモーセという方の魂が出てくるでしょう。

このように、歴史を見れば、古い文明はだんだん滅《ほろ》びていきますが、交替《こうたい》で新しい文明が出てくるのです。

・今後は日本が世界の中心となり、東南アジアやオセアニアへと文明が広がる

大川隆法　また、日本はどうでしょうか。日本は、みなさんが生きているうちは、世界の中心になります。ただ、二一〇〇年ごろを境に、やはり、日本の文明はだんだん衰《おとろ》えていきます。

しかし、今、日本でこれから栄える文化・文明というものは、東南アジアを通って、オセアニア世界のほうへどんどん広がっていきます。そして、二十一世紀は、大東亜共栄圏《だいとうあきょうえいけん》ではないけれども、そういう言葉はあまりよくないと思われるかもしれませんが、アジアを中心に大きな文明ができてきます。

それは、やがて、後《のち》の世の人々に、かつてのインドや中国、ギリシャの文明のように言われるようになるはずです。

そのように、今の日本は、かつてのギリシャであり、かつてのイスラエルなのです。

あの世をしっかりと知って真理を悟《さと》れば、死を心配することはない

大川隆法　これが、だいたいのアウトラインのようなものです。

ただ、「どのあたりの人々が死ぬのか」とか、「どのあたりが沈没するのか」とかいうような細《こま》かいことを言うと、このなかにも、やはり、引っ越《こ》しの計画や、「せっかく家を建てているのに、立ち退《の》くべきですか」などと言う人も出てくると思います。

会社時代の知り合いが、どうやら東京のほうに引っ越してきて家を建てるようなのですが、私が霊言を出していることを知って、「どこそこで家を建てようと思うんだけど、大丈夫か」と言ってきたのです。私が「海抜《かいばつ》は?」と訊《き》くと、「いや、低いんだ」と言うので、「ああ、それは危ないですね」と言ったら、「うん。じゃあ、山の手に変えよう」などと言っていました。

ただ、地獄《じごく》へ行かない人にとっては「あの世」のほうがよいので、あまり心配しないでください。地獄へ行く人は「この世」のほうがよいかもしれませんが、「真理を悟《さと》ってあの世へ還《かえ》る人はあの世のほうがよい」のです。

また、暗殺されることもないでしょうし、十字架《じゅうじか》に架けられることもないでしょうから、「死ぬ」ということを、それほど恐れることはないのではないでしょうか。

これは、〝あの世のことをしっかりと知ればよい〟ということで、「早く死んだほうがよい」と言っているわけではありません。

Q10　睡眠中《すいみん》に霊《れい》はどこに行くのか

質問者J　シルバー・バーチの霊言集《れいげんしゅう》に、「睡眠中《すいみん》に、霊があの世に行く」というようなことが書いてあったのですけれども、だいたい、どういったところに行くのでしょうか。

大川隆法　ああ、霊ではなくて、あなただって行っています。

質問者J　えっ？

睡眠《すいみん》中、魂《たましい》が体から抜《ぬ》け出し、あの世の霊太陽《れいたいよう》の光を受けている

大川隆法　「光子体離脱《こうしたいりだつ》」あるいは「幽体離脱《ゆうたいりだつ》」といいますけれどもね。

人間は、だいたい一日八時間ぐらい寝《ね》ています。では、「なぜ、寝なければいけないのか」ということですが、やはり、地上ばかりに魂《たましい》がとらわれていると、死んだときに、あの世で迷ってしまうので、生きているときに、睡眠《すいみん》中は魂が体から抜《ぬ》け出しているのです。みなさんは覚えていないだけで、幽体離脱しているのです。

ですから、みなさんは、本当は「霊能力者」なのです。目が開《あ》いてしまったら、霊能力がなくなってしまうだけで、目を閉《と》じてしまうと霊能者なのです。

そして、睡眠中にいろいろなところへ行っているはずです。

そこで、この世の人が出てくるので、「霊界《れいかい》にしてはおかしい。こんなの霊界のはずがない」と思うかもしれませんが、向こうの人も抜け出してきていたりして、一緒《いっしょ》にいたりするわけです。

また、夢ですので、あくまでも象徴《しょうちょう》的に見えます。あなたがたに分かるようなかたちを取って出てくるので、本当はそうではないのです。本当は違《ちが》う体験をたくさんしているのですが、この世の人に分かるような象徴的な解釈《かいしゃく》しかできないので、この世の出来事のように見えるけれども、夢の時間というのは、実際は、あの世で活動中なのです。

パンフレットにも書いてはおきましたが、今、三時間睡眠とか、ああいう短眠法《たんみんほう》を一生懸命《いっしょうけんめい》書いている人もいるけれども、睡眠時間というのは無駄《むだ》なものではありません。睡眠時間中に魂が体から抜け出して、あの世へ還《かえ》って、みんな、あの世の霊太陽の光を受けてエネルギーを吸収しているのです。睡眠不足だと調子が出ないというのは、そういうところにあるのです。

ですから、じっくり寝てくださっていいんですよ（会場笑）。

霊がどうこうというのではなくて、実際にみんな行っています。出たり入ったりしているのです。

「それでは、肉体と魂が離《はな》れてしまって、困るのではないか」と思うかもしれませんが、魂の部分と肉体の部分をつなぐ「霊子線《れいしせん》」というものがあって、それでちゃんとつないであります。たとえれば、船の錨《いかり》のようなものなのです。それが付いているので、船が流れていかないで、ちゃんと還ってこられるようになっています。そういうことです。

そのことをはっきり自覚すれば、夢のなかで、あの世へたくさん行き始めますよ。

私は睡眠中《すいみん》にしょっちゅう霊界探訪《れいかい》をしている

大川隆法　私などは、しょっちゅうあの世へ行っています。地獄《じごく》も、行きたくもないのに、ずいぶん行かされました。この前なども、先ほど言った地獄の、いわゆる「畜生道《ちくしょうどう》」という所に行ってきたのですが、あまりいい所ではありませんね。そこをテクテク歩いていて、ふっと見ると、横に子牛のようなものが出てきたので、「これはすごいなあ」と思ってよく見ると、犬でした。なんと、全長四メートルも五メートルもある犬で、牛どころではなく、ものすごく大きいのです。

ところが、犬かと思ったら、実は元人間《もと》でした。「元人間だけど、今は犬をやっちゃって」などと言って、やっているわけなのです（会場笑）。こういうのを見てしまうと、やはりゾッとしますね。

今、〝犬〟の話をしましたけれども、昔いた実家の飼い犬も、懐《なつ》かしがって、よく私のところを訪ねてきます。

この前なども、抜け出して行ってくると、その犬に首輪が付いていて、いつの間にか、私が鎖《くさり》か何かを持っていました。そして、一生懸命、グイグイと私を引っ張っていき、緑の多い所へ連れていったり、広場に出たりして、いろいろ連れて回ってくれたのです。

生きていたときに、ちょっと気が狂《くる》ったようになったので、病院へ送り込《こ》んでしまって、おそらく解剖《かいぼう》されたのでしょう。最初のころは、地獄にでも行っていたのか、何かちょっと血が出ているような姿で出てきていたのです。

しかし、今は成仏《じょうぶつ》したらしく、天国へ行ったのがうれしくて、飼い主のところに出てきて、「今、天国ですよ」ということを教えるために迎《むか》えに来たりします。そういうこともあります。

Q11　阿弥陀如来《あみだにょらい》や弥勒菩薩《みろくぼさつ》はどういう存在なのか、幽体離脱《ゆうたいりだつ》の研究者ロバート・モンローは天使なのか

質問者Ｋ　今まで、日蓮《にちれん》とか、法然《ほうねん》とか、いわゆる仏教者のような方が歴史上いましたが、そうではなくて、阿弥陀如来《あみだにょらい》とか、弥勒菩薩《みろくぼさつ》とか、そういう方々というのは、人霊《じんれい》ではないのでしょうか。

大川隆法　いや、いますよ。

阿弥陀如来《あみだにょらい》はキリスト教系で、仏教の他力門《たりきもん》はイエスの弟子《でし》ばかり

質問者Ｋ　そういう方々は……。

大川隆法　ただ、阿弥陀如来《あみだにょらい》と言うけれども、あれは、キリスト教系なのです。ですから、ややこしくなるのです。「阿弥陀如来の霊言《れいげん》」などと言うと、何かどこかで聞いたような、「『隣人《りんじん》を愛せよ』なんて、おかしいな」というようになってしまうので（笑）、まずいでしょう？

阿弥陀如来というのは、キリスト教系なのです。

来年あたりには、「親鸞《しんらん》の霊言」とか「道元《どうげん》の霊言」とかが出ますけれども、そのなかで明らかにされていますが、親鸞の過去世《かこぜ》はパウロです。

それから、他力門《たりきもん》のほかの方々、例えば、真宗《しんしゅう》の中興の祖で蓮如《れんにょ》という人がいますが、この人は、イエスの弟子《でし》の一人ですね。十二弟子の一人のアンデレです。そういう人がいます。

また、唯円《ゆいえん》という人がいますね。『歎異抄《たんにしょう》』を書いた人です。唯円という親鸞の弟子がいますが、唯円の過去世は何かというと、「マタイ伝」のマタイです。

あるいは、一遍上人《いっぺんしょうにん》という人もいます。踊《おど》り念仏で、踊ってしまって、〝いい気持ち〟で伝道していたらしいのですが、一遍の過去世は何かというと、ヤコブなのです。

このように、日本の仏教系でも他力門というものがありますが、他力門の過去は何かと辿《たど》れば、みなさん、イエスの弟子ばかりなのです。ですから、実を言うと、キリスト教系なのです。それが、日本に真理の種をまくために出てきているのです。

やがて本が出ますから、これも分かります。

公表せずに、「触《さわ》らぬ神に祟《たた》りなし」としたほうがよい場合もある

質問者Ｋ　弥勒様は、どなたですか。

大川隆法　弥勒様は、今ちょっと、出すとまずい人がいるので。

やはり、「この世に出ている」という人がいる場合は、「触《さわ》らぬ神に祟《たた》りなし」で、

私はいいのではないかと思うのです。

地上に出ている場合もあるのです。実際、先ほど言ったように、菩薩界ぐらいだと、魂《たましい》のきょうだいで五、六人いますから、その一部分が出れば同じですからね。

しかし、霊言が出たら困るでしょう？　霊言が出て困った人も、どこかにいるようです。「あら？　私の守護霊《しゅごれい》が出ちゃって」などという人もいるようですから、やはり、あまり「この世に出ている」と言われている人は、まずいのです。

ロバート・モンローは天使、シュタイナーは如来《にょらい》

質問者Ｋ　アメリカには、ロバート・Ａ・モンローという、幽体離脱《ゆうたいりだつ》の応用科学研究所か何かをつくっている人がいて、アメリカやヨーロッパでは知られています。本もあるのですけれども、あの人も、やはり、実在の天使か何かでしょうか。

大川隆法　そうでしょうね。そう思いますよ。

ただ、幽体離脱をしているだけでは、大した能はないですね。やはり、法を説かないと（著者注。現在、多少、意識障害が出る人もいると聞いている）。

例えば、ルドルフ・シュタイナーという人がいます。人智学《じんちがく》とか神智学とか、そういうので、本を書いているけれども、ああいう方も如来界《にょらいかい》の方なのです。如来界の方で、けっこう、あの世へ行って見たようです。

Q12　宇宙人から真理を教わることはありえるか

大川隆法　どうですか、遠く、遠方の方で、何か一言《ひとこと》、言っておきたい、せっかく来たから一言だけ言いたいという方はいますか。

（会場「はい」）

大川隆法　はい。

質問者Ｌ　この場では、ちょっと見当外《けんとうはず》れかもしれませんが、「宇宙人から真理を教えてもらった」というようなことで、いろいろ本を書いたりしている人がいるのですが、そういったことはありえるのですか。

宇宙人は現に地球に来ているし、

私たちの起源自体も宇宙人にかかわりがある

のです。

大川隆法　ありえるのですが、ちょっと〝精神病院が近くなる〟ので、私たちはやらないことにしています（説法《せっぽう》当時）。

アダムスキーなどでも、そうでしょう。なかには、手紙で、「あなたがたのと、よく似ている」という人もいますが、あえて、私たちは接近しないことにしているのです。

宇宙人というのは、現に来ています。それは確かだし、霊界《れいかい》にもいます。

そして、私たちの●起源自体も、はっきり言えば、〝宇宙人〟なのです。

質問者Ｌ　はい。

●私たちの起源……　人類の起源については、一部、他惑星人の受け入れが行われているものの、地球霊団の創設に当たっては、地球神エル・カンターレによって「地球人類の創造」がなされ、それが主流となっている。『太陽の法』（幸福の科学出版刊）等参照。

大川隆法　次の『孔子《こうし》の霊言《れいげん》』に出てきますけれども、地球霊団《れいだん》も、一つの霊団ではなくて、いろいろな霊団が、いろいろな惑星《わくせい》から来ているのです。それは『孔子の霊言』のなかで書いてあります。あと一カ月したら出ますから、読んでください。

そういうことで、「今、来ているか」「昔、来たか」の違《ちが》いで、どちらでもいいのです。

質問者L　分かりました。

Q13　悪口を言う人と一緒《いっしょ》にいるときにどう対処するべきか

質問者M　今日はありがとうございます。先生にお会いするのを恋人《こいびと》に会うような気持ちで楽しみにしておりました。

個人的なことで申し訳ないのですけれども、私と一緒《いっしょ》に住んでいる者が、けっこう他人《ひと》の悪口を言ったりするので、本当に悪霊《あくれい》が憑《つ》いているのではないかと思われるのです。

その人と一緒に住んでいますと、言いたくはないのに、ついつい一緒に悪口を言わなければならないというような状態になりまして、「そうね」などと相槌《あいづち》を打ってしまいます。

そうすると、あとですごく気が咎《とが》めて、「ああ、悪いことをした。あの人は本当はそんなに悪い人でもないのに、一緒に悪口を言ってしまったわ」などと思って、「私の魂《たましい》がどんどん穢《けが》れているのではないかしら」と考えてしまうのです。そういうときには、いったいどのように対処すればよろしいのでしょうか。

積極的によいことを思い、よいことを言って、プラスのもので戦う

大川隆法　パンフレットのなかにも書いてありますけれども、悪いことにとらわれ始めるときりがないので、「逆」のことを思うことです。

質問者M　そのときにですか？

大川隆法　はい。積極的によいことを思い、よいことを言うようにすることです。悪いことを言われると、悪口が出るでしょう。それをいちいち反省して、「言ったら反省し、言ったら反省し……」ということばかりしていたら、いつまで追いかけ

ても、きりがないのです。

ですから、悪口を言って、「ああ、悪かったな」と思えば、今度はよいことをなるべく言うようにすることです。

「マイナスのものと戦うには、プラスのもので戦っていく」ということでやってください。

質問者M　分かりました。どうもありがとうございます。

Q14 霊界《れいかい》や転生輪廻《てんしょうりんね》を踏《ふ》まえた霊的人生観を広めていくには

質問者N　大川隆法先生のご著書は全部読ませていただきました。今日は大阪《おおさか》から来ました。

大川隆法　そうですか。ご苦労様です。

質問者N　私は思うのですけれども、結局、現代の人間は、現在の肉体生活に重きを置いて、死んでからの霊界《れいかい》とか、そういう世界を知りません。また、輪廻《りんね》転生《てんしょう》を繰《く》り返しているということも、科学的には解明されていないのではないかと思うのです。

ですから、私もご著書を読みまして、自分は三次元世界に修養《しゅうよう》のために生まれてきたと気づきました。

最近出された『卑弥呼《ひみこ》の霊言《れいげん》』のなかで、ヘレン・ケラーさんは、「結局、苦しみを覚悟《かくご》して、そういう世界を承知の上で生まれてきた」というようなことをおっしゃっていました。私はそれを読みまして、非常に感動したわけです。

ということは、自分自身がいろいろな苦しみに遭《あ》うということは、自分を鍛《きた》えるための修行《しゅぎょう》であるということになります。

ですから、今後はできるだけ、そういう考え方を広めていくように努力したいと思っています。

重荷《おもに》を背負っている人は、それだけ期待されている

大川隆法　本当に結構な考え方で、私もその方向で間違《まちが》いないと思います。この世のことに、どうしても、とらわれていくわけです。

例えば、幸福の科学も、この世の幸福だけを追求して、「こうしたらお金が儲《もう》かる」というような法を説けば会費も増えてよいのですけれども（笑）、実は私たちの活動は、この世の幸福だけでは済まないのです。「この世とあの世の両方を貫《つらぬ》いた幸福、あの世でも通用するような幸福を、この世に実現していこうではないですか」と、こういうことを考えているわけです。

ですから、今、あなたのおっしゃったことは、まさしく、私たちの活動の方針そのものだと思います。

この世だけで見るから、例えば、目が見えないと、「こんな不幸が許せない！」と、こうなるわけです。ところが、永遠の生命のなかで見れば、非常に貴重な修行をしているかもしれないのです。

要するに、それだけでその〝教材〟を無駄《むだ》にしてしまうことになるわけです。

例えば、「私は目さえ見えたら幸せだったのに、目が見えないために、もうどうにもならない」ということで、あとは愚痴《ぐち》と不平不満で一生を送ったら、その人はどうでしょうか。「そういうハンディはあったけれどもどうか」というと、やはり、失敗です。

一方、目が見えなくても、ヘレン・ケラーのように頑張《がんば》る人もいます。こういう人は立派です。

ですから、「マイナスからのスタート」というのも決して困ったことではありません。あとからスタートして、どんどんどんどん普通《ふつう》の人並みに追いついていくということは立派なことだと思います。

ハンディのある人、それから、劣等《れっとう》感を持っている人や生まれつきいろいろと欠《けっ》陥《かん》のある人、あるいは、他人《ひと》に知られたくないような秘密のある人もいらっしゃると思うけれども、それは、それだけ期待されているということなのです。それだけ期待されているのです。それだけの重荷《おもに》を負わせてもいける人だから、そうなっているわけです。

神様は、その人が耐《た》えられない十字架《じゅうじか》を絶対に背負わせない

大川隆法　その人が耐《た》えられないような十字架《じゅうじか》というものは、神様は絶対に背負わされないのです。そうだと思います。

私だってそうで、「商社のなかでうまくいって、給料も増えて、幸せに生きられたらいいいな」と思っていたけれども、許してくれないのです。これが〝私の十字架〟だからです。私に背負えると思って命じられているので、やむをえず、今、マイクを握《にぎ》っているわけです。

もちろん、ほかの人は、まったく同じようにはならないでしょう。それぞれの人に〝十字架〟があります。

ただ、これも〝十字架〟でしょう。私自身は一歩を誤れば、もう地獄《じごく》に引っ張り込《こ》まれるか、精神分裂《ぶんれつ》で、「みなさん、また会いましょう、精神病院で」ということになりますから（会場笑）。一歩を誤ればそうです。非常に危険なのです。

「みんなの前でよいことを偉《えら》そうに言っていいな」などと思うかもしれませんけれども、精神病院の塀《へい》の上を歩いているのと同じなのです。どちらに落ちるか分かりません。一歩を誤って内側へ落ちたら、もう終わりです。閉《と》じ込められて鍵《かぎ》をガチャンです。本当に気をつけないといけないと思っています。

やはり、それぞれの人が十字架を背負っていますから、「マイナスからのスタート」もよいのではないでしょうか。マイナスからスタートして普通の人になったら、それでほめられるわけです。当たり前のことをしただけで、「立派になったね」と言ってくれるのですから、よいことだと思います。

司会　本当に今日はどうもありがとうございました（会場拍手《はくしゅ》）。

〈特別付録〉

初《しょ》転《てん》法《ぼう》輪《りん》の決意を新たに

二〇一〇年四月四日　説法《せっぽう》

東京都・幸福の科学 初転法輪記念館にて

1　「大川隆法第一声」から幸福の科学の大発展が始まった

二十四年ぶりに、初転法輪《しょてんぼうりん》の地で説法《せっぽう》することに感無量となる

こんにちは。ここは「大川隆法第一声」の場所ですが、〝第二声〟を出すのに苦労します。何と表現したらよいのか、今、分からない気持ちでいっぱいです。二十四年ぶりに来ました。

意識の上では木造だったと思っていたのですが、来てみたら、いちおうコンクリートらしきものを使っている建物ではあります（会場笑）。ここが畳《たたみ》であるので、木造だというイメージが残っていたのでしょう。

確かに、ウナギの寝床《ねどこ》のような長いところを、演台に向かって右側を通ってきた覚《おぼ》えがあります。「第一声」では控《ひか》え室もなくて、みなさんから見て演台の左側あ

たりを何かで少し隠《かく》し、私はその裏に隠れて、紹介《しょうかい》されて出てきた覚えがあります。

あれから二十四年の歳月《さいげつ》が過ぎました。思うことはたくさんあります。

一九八六年の十月六日に事務所開きをして、それから、この初転法輪《しょてんぼうりん》までに会員数が百何十人かになっていたのだと思います。全国から申し込《こ》まれた方がそのくらいいて、「何かやらなければいけない」という感じは来ていたのですけれども、私もまだ講演会をするほどの自信がありませんでした。「とりあえず、座談会というもので、ひとつやってみませんか」と言われて、「座談会ということなら、できるかもしれない」ということで話をしたのです。

要するに、講演をしたことがなかったので、「講演会」と銘打《めいう》つ自信がなかったわけです。みなさんは、今日はパイプイスに座《すわ》っていらっしゃいますけれども、座談会ということで、下に座布《ざふ》のようなものを敷《し》いて、ぺったんこと座っていらっしゃいました。確か、私も立ちマイクで話をしたと記憶《きおく》しています。

「大川隆法第一声」を改めて聴《き》き直し、プロとして論評する

さて、昨日《きのう》は昔の「大川隆法第一声」（本書第1章）というものを聴《き》いてみました。ときどきは初転法輪記念日に聴き直してみることがあり、何度か聴いてみたことはあるのですが、いつも恥《は》ずかしい思いでいっぱいになって、「ああ、もう聴けない」という感じになります（会場笑）。毎回、「ああ、もう駄目《だめ》だ。もう聴けない。死にそう」という感じになり、最後まで聴くのがつらくて死にそうになるのですけれども、今日は話をするので、もう一回聴いてみようと思って聴いたわけです。

「説法《せっぽう》」のほうは、何とか聴けると思います。話としてはかなり速くて、あがっているのがよく分かるのですけれども、何とか説法らしきものはしているということは分かりますし、聴けないほどではないでしょう。甲高《かんだか》い声で、すごく焦《あせ》っていて、本当は緊張《きんちょう》しているのです。緊張して、焦って話をしています。

「質疑応答（本書第2章）」になると、さらに速くて、ものすごい速度で〝高速回

転〟して答えているのです。質問も聴いてみると、難しい質問というか、何を訊《き》いているか分からないようなところもありました（会場笑）。全国の方が興味本位で分からない質問をたくさん訊いているので、私も何を答えているか分からないような状況《じょうきょう》でした。

確か二時ごろからスタートの予定だったと思うのですけれども、当時、ホームベースが西荻窪《にしおぎくぼ》のほうにあったので、車で来て一時間余りかかりました。控え室もないということで、いったん近所の喫茶《きっさ》店か何かに十分ぐらい寄ってから入ろうという予定で来ていたものですから、スタートが十分ほど遅《おく》れたのです。今日は下の階に控え室がありましたけれども、十分ほど遅れてきて、あとから「第一回目で遅刻《ちこく》するとは何事か」とお叱《しか》りを受けたのを覚えています。

内容は、幸福の科学の「法」の射程《しゃてい》を語り、「宇宙の法」まで言及《げんきゅう》する、かなり規模の大きな話だった

「大川隆法第一声」を聴いてみたのですけれども、〝話家《はなしか》〟というか、講演家としてはまだプロにはなっていないようには思うのですけれども、ただ、内容の輪郭《りんかく》はそうとう大きいのです。

確かに、その後の二十数年間に説かれる幸福の科学の「法」の、カバーする一定の範囲《はんい》といいますか、射程《しゃてい》については語っているのではないかと思います。今、聴いても、だいたいカバーしていて、「さまざまな高級霊《こうきゅうれい》の違《ちが》い」や「教えの違い」から、「宇宙の法」にも一部言及《げんきゅう》した部分がある、かなり大きな規模の話をしています。

おそらく、あの日一日の「説法」と「質疑応答」で、本一冊分ぐらい話しているのではないかと、私は思います。基本的な大きな考え方としては出ているのかなと思います。

質疑応答に関しては、何とも、いわく言いがたいものがありますが、頭の回転が速いことだけはよく分かります。ものすごく速いです。今より速いでしょう。

今から考えると、そうとう早口で話す職場で仕事をしていたのだろうなと思います。かなり受け答えが速くて、だいたい一秒では答えています。ほとんど、パーッと答えていますので、やはり、職場がそういうところだったのでしょう。そうとう、「即断即決型《そくだんそっけつがた》の仕事」をしていたことがよく分かります。

ただ、言っている内容については、ほどほどでしょう。「当たるも八卦《はっけ》、当たらぬも八卦」といったあたりで述べているのかなと思います。

プロへの「試金石《しきんせき》」であり、今回の宗教活動の原点だった「大川隆法第一声」

いずれにしても、百人余りの会員が全国にいた段階で、九十人近い人が集まってくださって、ここで一回目の座談会をやりました。

以前にも話したことがありますが、「これで評判がすごく悪かったら、私は、もう〝店を閉めて〟しまおうか」と思っていたぐらいで、その意味での「試金石《しきんせき》」だったのです。プロになれるかどうかの試金石だったのですが、とりあえず終わって、下手《へた》ながら何とか通過はしたらしく、「次回の講演会を心待ちにする」という感じだったので、よかったと思います。

それで、翌年（一九八七年）の三月八日に第一回の講演会（「幸福の原理」）を、雪の日に行《おこな》ったのですが、それでも満杯《まんぱい》になりました。「一回だけ聴いてみよう」と思って、大阪《おおさか》のほうから夜行バスで来られたような方も、講演会を一回聴いたら二回目も聴きたくなるような感じで、リピーターみたいになっていただいて、だんだん、雪ダルマ式に教団が大きくなっていったのです。

ですから、「偶然《ぐうぜん》」と言えば偶然ですが、「これが運命の始まりであった」ということです。どこで最初の説法をしたかということは、確かに後々《のちのち》まで遺《のこ》るので、「最初の説法の地が西日暮里《にしにっぽり》であった」ということは、二、三千年後まで遺る可能性はあるでしょう。

説法の内容は、いまひとつ満足がいかないので、あまり大々的に出したくない気持ちがあって、抑《おさ》えて出さないではいます（説法当時。本書第1章）。ただ、「一回目の説法をここで行った」ということは、後々まで遺るのではないかと思います。その意味で、「今回の宗教活動の原点」であったということでしょう。

収入がなく資本金もほとんどゼロで、貯金を崩《くず》しながら始めた

質問のほうを聴き直してみると、「いったい、どうやって運営するのか」とか、「収入はどうするのか」といった心配をするような質問もしてくださっています。

当時、私は、収入がなかったのです。会社は辞《や》めていたし、当会のほうからの収入も何もなかったので、貯金を毎月毎月、崩《くず》しているような状態でした。マンションの家賃と、その他、食費等で貯金が少しずつ少しずつ減っていっているような状態だったのですが、やはり、減っていくというのは怖《こわ》いものがあります（会場笑）。

ですから、私も、政策等に関して、生活保護の人や弱者、お年寄りなどのことを

厳しく言うことはあるのですが、実際は、自分も失業して、「失業保険をもらうな」と霊人《れいじん》から言われ、失業保険をもらわないまま、持っている貯金だけで生活していたので、「毎月十万円ぐらいずつ減っていく恐怖《きょうふ》」というのは身に沁《し》みて覚えています。

最初の事務所は、信者の家の一室を借りて始めたものです。ですから、資本金は、ほとんどゼロで始めたのです。

「最初の第一歩」から法輪《ほうりん》が転じ、発展してきた幸福の科学

この第一回の座談会に向けて、小冊子等を手書きで六冊ぐらい書いたかと思いますけれども、それをワープロで打ってもらって、お手伝いしてくれている人たちに製本してもらいました（口絵参照）。ワープロのビニール紐綴《ひもと》じのようなもので、「ちょっと二千円は高いんじゃないか」とかいう声が一部あったことはあったのですが、来た人に買っていただいて、この第一回の座談会で、何十万円かの収入があ

ったのです。

これが、教団の、ある意味での資本金になって、次の第一回の講演会まで、事務諸経費と、その他、準備費用のもとになりました。

これについて、私たちは収入としては何も受け取ってはいないのです。私のほうに収入が入り始めたのは、翌年でした。翌年の八七年の六月に事務局長を採用して、給料を払《はら》ったのですが、「事務局長が給料をもらって、主宰《しゅさい》がもらっていないというのはおかしい。やはり、自分よりは多めに取ってもらわないと困る」と向こうが言うので、やっともらい始めたのが翌年ということです。それまで一年間、持ち堪《こた》えるつもりでやっていたのですが、ただ、原始仏教は乞食坊主《こじきぼうず》型であったので、それでいいのかなというように思っておりました。

月日がたって、教団もずいぶん進んでまいりました。今日、来ている秘書なども、初転法輪のころにはまだ一歳だったということなので、何か、頭がクラクラッとくるものはあります（会場笑）、「一歳か」と。この上を這《は》っていたぐらいの感じでしょう。「そうか、一歳かあ」ということですね。ここの支部長も、高校を卒業なされたぐらいのころであったのだろうと思います。

ずいぶん歳月《さいげつ》がたちましたが、その後を見るかぎり、この最初の説法をした所を買い取ったりしているわけですから、「成功」というか、「発展」したことは間違いないし、今、全国に四百数十の支部があり、また、正心館《しょうしんかん》が全国で展開されていて、海外でも、七十カ国で信者が活動しているというような状況まで来ましたので（説法当時。二〇二〇年八月現在、世界百十カ国以上に信者を有し、支部・精舎《しょうじゃ》等は七百カ所以上）、二十数年、確かに前進はして、「最初の第一歩、お話をしたことから始まって、ずいぶん、法輪《ほうりん》は本当に転じてきたのだな」と感じます。

「最初の歯車は小さくても、その次の歯車が回り、だんだん歯車が大きく回っていって、大きな力になってくるよ」と、高級霊界《れいかい》から、繰《く》り返し、そういう指導は受けていたのですが、なかなか現実生活として信じ切れなかった自分の不明を恥じているところです。

2　立宗《りっしゅう》以降積み重ねてきた「実績」と「信用」

今は「戦後生まれの最強の宗教」だが、創立時には用心深く慎重《しんちょう》だった

今、気がついてみれば、二十四年たってみれば、戦後六十五年たちますけれども（説法《せっぽう》当時）、「戦後生まれの宗教」では、向かうところ敵なしの状態になっております。また、新宗教といっても、七十年、八十年、あるいは百年ぐらいたっている新宗教を、そうとう追い詰《つ》めている状況《じょうきょう》で、毎年毎年、よそは信者数が減っている状況です。当会が増えたと言っている分だけ、ちょうど減っているのです。不思議なぐらい減っているので、何だか申し訳ないけれども、どうも勝っているらしいということだけは分かってくるのです。

毎年、よそ様の公称《こうしょう》信者数が減っていっている、よそ様の職員の定員がどんどん

減っていっている、よそ様の年間予算がだんだん減っていっているのです。その分、幸福の科学が増えていっているような感じがあり、どうも移動しているらしいということは分かります。ですから、少なくとも、戦後六十五年がたち、その間で生まれた宗教のなかでは最強であることは、ほぼ間違《まちが》いないと思います。

ただ、その最強の宗教を始めるに当たって、非常に用心深く、慎重《しんちょう》で、大した自信も持っていなかったということに関しては、内心、やや忸怩《じくじ》たるもの、恥《は》ずかしいと思う気持ちがあります。

どうして、もっと自信を持って言えなかったのかという気持ちもありますけれども、基本的には、生活費がどんどん減っていくところあたりが弱さだったのでしょうか（会場笑）。退職してからあと、毎月毎月、十万円ちょっとぐらいずつ残高が減っていくので、「これがどこまで続くのだろう。ゼロまで行くのにあと何カ月」といった計算をしていたのが、弱みだったのかもしれません。ですから、幸福の科学を始めるに当たって、いわゆる組織としての資本金がなかったというところは大きかったのかもしれません。

世間《せけん》の「常識」に流されて、初期の幹部は宗教法人化に否定的だった

当時は、こちらも宗教についてはプロではなかったので、そうした寄付、植福《しょくふく》のようなものについて、まだ十分には理解ができていなかったということもあるし、伝道ということも十分には分かっていなかったところもあるし、「信仰《しんこう》というものを訴《うった》えることが宗教としては王道だ」ということも、まだ十分には分からなかったのです。そして、世間《せけん》の一般《いっぱん》常識に流されて、まだ、「信仰」や、あるいは「宗教」などという言葉に、大多数の賛成を得られないような感じを受けていました。

そのため、宗教法人にするかどうかについては、最初は、どちらかというと、初期の幹部もやや否定的な考えで、「もう少し開かれたもののほうがよいのではないか」といったことを、みんなでいろいろと検討したりはしていたのです。

「財団法人のほうが楽なのではないか」という意見もありましたが、当時、「財団

法人の設立には、最低五億円は要《い》るらしい」と言われて、「五十万円ぐらいなら何とかなるけれども、五億円と言われると、それは駄目《だめ》だ」ということになりました。それだと、まとまったお金がなければできないので、選択肢《せんたくし》からあっさり消えたのです。

次は、「社団法人でいきましょう」と言う人もいて、「そうだね。社団法人なら宗教くさくなくて、一般の人も入ってきてくれるかな」ということで検討しました。ところが、社団法人になると、その会員というのはみな、固定したメンバーのようなかたちになって構成するものになるので、人が入ったり出たりするようなかたちの社団法人はつくれないということになりました。

そういう意味で、最初はあまり積極的ではなかったのです。

また、イメージ的にも、いろいろと悪く言われるのではないかという感じがありました。今から思えば、「『霊言集《れいげんしゅう》』を出していて何を言っているのか。霊が降りてきて、『霊言集』を出していて、天照大神《あまてらすおおみかみ》だの、イエス・キリストだの、日蓮《にちれん》だの、たくさん出しておいて、『宗教を恥ずかしい』などと言うのは、ちょっとおかしいのではないか」というのが、今の人の感想だろうと思いますけれども、置かれた立場はあまり強くなかったのです。

私の実の母でさえ、「二十歳《はたち》までは普通《ふつう》の人だったのに」と（会場笑）。「二十歳までは普通の人だった。そこまでは普通だったんだ」と、周《まわ》りに一生懸命《いっしょうけんめい》に言っていました。

つらいですよね。「田舎《いなか》の川島町《かわしまちょう》から五十年ぶりに東大法学部に入ったけれども、勉強しすぎで、そのあと、どうも〝行ってしまった〟らしい（会場笑）。勉強しすぎて、とうとう〝あちらの世界〟まで行ったらしい」という話もあったのだろうと思いますが、「二十歳までは普通の人だった」と、やたらと言っていたのを覚えています。

勇気あるチャレンジに対して受けたマスコミからの「揺《ゆ》さぶり」を乗り越《こ》えてきた

宗教というのは、なかなか、最初に立ち上げるのには勇気が要るし、信用をつくるのも大変なことです。ですから、この二十数年の間《あいだ》、「実績」と「信用」の積み重ねがあったと思います。

ただ、その間《かん》、勇気あるチャレンジというか、戦いも何度かしたので、われわれ自《みずか》らが、それまでつくり上げたと思った信用を壊《こわ》すかのような社会的行動も何度か取ったことがあり、そのたびに「揺《ゆ》さぶり」は受けてきたと思います。

一九八六年はそういう状態で、一九八七年から講演会が始まった段階でしたが、一九九一年には、●フライデー事件というものもあって、最大手の出版社とぶつかるようなこともありました。

私たちは、マスコミからまともに攻撃《こうげき》を受けるようなことは経験がなかったし、

●フライデー事件　1991年、講談社が「週刊フライデー」誌上等で、捏造《ねつぞう》に基《もと》づく悪質な連続記事で幸福の科学を誹謗《ひぼう》中傷した。それに対し、精神的苦痛や風評被害を受けた信者たちが精神的公害訴訟を提起、抗議活動を行った。

まだ、そんなに偉《えら》いとは思っていなかったところもあったと思います。むしろ、その前の年ぐらいまでは、「こんなに大きな講演会をやっているのに誰《だれ》も相手にしてくれないのは、寂《さみ》しいな」という感じだったのです。

幕張《まくはり》メッセ等でやっていて、一万数千人の講演会もやっているのに、週刊誌にも書いてくれず、無視されているなと思っていたところ、九一年、東京ドームでやり始めたあたりで、とたんに〝袋叩《ふくろだた》き〟状態になり、グワーッと来たので、こちらはびっくりしてしまったのです。

抵抗力《ていこうりょく》がなかったので、反応も大きすぎたかもしれないと思うのですが、記事には嘘《うそ》が多く、こちらは活字を信じていたほうだったので、「こんなことがまかり通るとは信じられない」ということで、あまりに純粋《じゅんすい》に反応しすぎた面もあったかもしれません。

今としては、「マスコミ界も食べていくために、苦労していろいろと売れるような題を付けているのだな。誇張《こちょう》した内容を書かないと、給料が出ないのだな」ということを理解できるようにはなったので、許しの心が少しは出ています。

例えば、某《ぼう》週刊誌を昨日《きのう》の夜にもらったのですが、そのコピーを見たら、「幸福の科学、幸福の科学学園を創設。東大合格三十名を目指す」などとバーンと出ていました（説法当時）。そんなことは言っていないのですけれども（笑）（会場笑）。

こちらが、「鹿児島《かごしま》ラ・サールをライバルにする」と言っていたからでしょうか。鹿児島ラ・サールは、学校だけで完結して塾《じゅく》なしでやっている宗教系の学校であるので、山のなかで、ほかの塾などが何もない幸福の科学学園としては、「全寮《ぜんりょう》制の学校として、ラ・サールのようなところを一つの目標にして、やろうか」という話をしていたのですが、鹿児島ラ・サールは、東大合格が三十六名だったので、「幸福の科学学園、東大三十名を目指す」という見出しが某週刊誌を見たら出たわけです。

昔だったら、腹が立って怒《おこ》るところですが、今だったら、「もう宣伝してくれてありがとう」です（笑）（会場笑）。全然言ってない、一度も言っていないことです。

●東大合格……　幸福の科学学園那須《なす》本校（2013年以降）および同関西校（2015年以降）から東大への合格者は2020年までに通算18名、また京大5名、早慶202名となっている。

入ったメンバーから見ると、三十名は少し厳しいだろうと思うのですが、宣伝してくれているのだろうと思ったら、「よいことを書いてくれたから、礼状を書いておくように」などと、広報に言うほどの心の余裕《よゆう》ができるようになりました。こちらも、多少〝老練《ろうれん》〟になってきているのかもしれません。

しかし、一九九一年は、世間のそうした〝大人の会話〟はまだできるような状態ではなく、うぶで純粋なところがあったのかなと思います。

自分たちの客観的な姿を見て、正当性を評価するのは難しい

・一九九一年に「大川隆法の知名度」はすでに八十パーセントあった

私が一九九一年に東京ドームで最初の講演会をしたとき、「御生誕祭《ごせいたんさい》」としてやったわけですけれども、週刊誌等で、「大川隆法がバースデーパーティーを東京ドームで開いた」と書かれ、心外でした。「何という言い方をするか」と思ったので

すが、今考えてみたら、「まあ、そうかもしれないなあ」という気もします。

「自分の誕生祝いを東京ドームで行う。生きておりながら、三十五歳《さい》ぐらいで祝う」というのは、かなり〝行って〟はいて（会場笑）、〝ヨン様〟（ペ・ヨンジュン）でも許されないかもしれないようなところはあります（会場笑）。

かなり〝行っている〟のに平気なところ、妙《みょう》に繊細《せんさい》だけれども、妙に〝切れている〟ところがあったのは事実です。「そういうものは、普通、死んでからやるものと違うか」というところでしょう。

そういう妙なところがあったのではないかと思いますが、「認めてほしい気持ち」と「あまり触《さわ》ってほしくない気持ち」との両方があって、やってきました。

ただ、「信用の積み重ね」ではあったのです。

一九九一年ごろには、日経新聞の最終面に、「岐路《きろ》に立つ幸福の科学」とかいう題で、「これから大教団になるのか、それとも消滅《しょうめつ》していくのか、今、幸福の科学は岐路に立っている」というようなことを書かれ、「ずいぶん大げさな題で書いているなあ」と思ったのを覚えています。「こんなことは記事になるのだろうか」と思って、こちらは不思議な感じを受けたのです。

でも、当時、日経新聞でアンケート調査をしたところ、「大川隆法の知名度」は、もうすでに国民のなかで八十パーセントぐらいはあったので、その程度の注目度はあったのかなと思います。

「自分たち、私自身や教団の客観的な姿を見る」というのは、たいへん難しいことなのです。遠くから、全体からの目で見て、「自分たちのやっていることが正当で、どの程度の評価を受けて当然なのか」と思うことは、非常に難しいことなのだと思うのです。

・講談社との戦いでは、当会が「弱い者いじめをしている」と見られた

一九九一年には、講談社との戦いもありました。

講談社は、当時、最大の出版社でした。今は、まだ潰《つぶ》れてはいませんけれども、

かなり赤字にはなっています（説法時点）。しかし、当会が戦ったときには、向こうは年に二百億円ぐらいも利益があるような大きな出版社で、トップだったのです。ところが、「弱い者いじめをしている」と言われ、どちらがどちらをいじめているのかというと、「幸福の科学のほうが強くて、向こうが弱く、弱い者をいじめている」と言われたのです。その当時は、「うちは毎月、赤字を出しているのに、向こうは大金《おおがね》を儲《もう》けているのだから、それはないでしょう」と、こちらは思ったのですが、こちらが「弱い者いじめをしている」ようなことを言われたのを覚えています。

客観的には、そうだったのかもしれません。うちは、そういう意味で、「正々堂々《せいせいどうどう》」とはしているのです。白昼《はくちゅう》堂々と正門から入り、信者二百人以上が講談社へ押《お》し入って抗議に行ったのです。こんなのは、向こうにとって見たことがないようなことであり、隣《となり》の警察も震《ふる》え上がっているような状態でした。

警察では対応不能で、自衛隊を呼ばなければいけないところだけれども、隣の警察署に行って警察署長と談判《だんぱん》しているのは、自衛隊の元航空幕僚《ばくりょう》副長でした。

そういう人が当会の職員となり、情報局長として入っていて、「航空自衛隊の元ナンバーツーです」と言って、向こうの警察署長と話しているものだから、警察署長のほうは震え上がり、ブルブル震えていたわけです。

「航空機でも飛んできて、警察が爆撃《ばくげき》されたらどうしようか」と思って（笑）、あちらのほうが怖《こわ》がっているような状況でした。

宗教団体にはいろいろな人がなかにいるので、不思議ですが、自分たちを客観視するのは、本当に難しい状態ではあったと思います。

言論をリードする幸福の科学にマスコミ関係者の入信も相次《あいつ》ぐ

ただ、今は、表立って評されることはないのですけれども、おそらくかなり抜《ぬ》きん出たところにはいるのだろうと思うし、マスコミ等がいろいろな言論を書くにつけても、ある意味で、私が言っているようなことが「精神的なバックボーン」になって述べているところは、そうとうあるのだろうと思うのです。

例えば、今、与党《よとう》（旧民主党）に対して、各種マスコミはそうとう厳しい批判を書き始めていますけれども、その底流《ていりゅう》には、昨年、私たちの展開した議論がそうという流れていて、「やはりそうだったか」ということで、自信を持って批判しているようなところはあるのです。

ですから、意外と、普通の宗教に比べ、マスコミ関係者も当会の信者にそうとう入っているのです。こちらも平気で入れているので、堂々と入ってきているのです。

去年（二〇〇九年）も、選挙のほうで地方回りに出たときにインタビュー等を受けたことがあるのですけれども、ある新聞の支局長と面談したときに、「わざわざ、高天原《たかまがはら》から地上に降りてきてくださいまして、ありがとうございました」などと言っていて、「変な挨拶《あいさつ》をする、新聞社の支局長だなあ」と思いながら話をしていたのですが、今は当会の信者になっています。そういうマスコミの人も、そうとうなかに入っていますけれども、入ったからといって、別にいじめられたりもしませんし、情報はすべてオープンに公開しているので、その意味では、偏見性《へんけん》は非常に少ないところだと思います。

ですから、調べれば調べるほど、内容的には非常に透明性《とうめい》が高い活動をしているので、調べると、「叩く材料の反対のほう」が出てくることがたくさんあるのです。こんなことは普通は宣伝すべきことなのに、宣伝していないようなことが数多く出てくる団体ではあるのです。

3　世界に法輪《ほうりん》を転じてゆけ

われら、世に勝てり――「最初の法輪」が全世界に回転しようとしている

そういうことで、最初の小さな法輪《ほうりん》、九十人弱の人数で回した法輪が、今、全世界に回転しようとしています。

インドにしても、おそらく、年内に十万人以上の信者を持つようになるだろうと思われますが、本当に二年ぐらいでそこまで来ていますから、百万人はあっという間に行くと思います。

そのように、海外にどんどん広がっていて、アフリカにも広がっています。南米にも広がっています。もちろん、アメリカやヨーロッパのほうにも広がっています。もう対応が追いつかない状況《じょうきょう》に近づいてきつつあります。語学が数多くありすぎて、

語学要員をつくるのが大変な状況になっています。いずれ、歯車はもっと大きく回り始めて、大忙《おおいそが》しになるのではないかと思います。

それもこれも、この地において、「伝道の第一歩」を勇気を持ってやったことが大きかったし、恐《おそ》れるべきことは実際は起きないということでしょうか。

やはり、私も慎重《しんちょう》すぎたかなと、自分で反省するところは多々あります。

みなさまがたも、頭のよい方々は、いろいろと取り越《こ》し苦労をなされたり、あまりに心配しすぎたりすることも多いと思うのです。伝道するときにも、断られたときのことばかり考えたりすることも多いと思うのです。

ただ、今までの歴史、二十四年間にずっと鍛《きた》え、積み重ねてきたもの、戦い続け、広がり続けてきたもの、これは、イエスではないけれども、「われ、世に勝てり」ということを言ってよいのではないかと思うのです。われらは、「われら、世に勝てり」と言ってもよいかもしれません。

ゼロのものから始めて、だんだん、だんだんと広がっているのですから、やはり、それは、「信じる人が増え続けている」ということなのです。そのことについては、自信を持ってよいのではないかと思います。

会の歴史に自信を持ち、初転法輪《しょてんぼうりん》の地で、「法輪《ほうりん》を転じる決意」を固めよ

もし、あまりにも引きすぎている、あるいは用心深すぎる自分を発見したなら、どうか、もう一回、原点に帰ってください。

幸福の科学は、元・日暮里《にっぽり》酒販会館《しゅはんかいかん》であり、今は初転法輪《しょてんぼうりん》記念館となっている、ここで始まりました。そのときには、まだ、全国の信者が百人ちょっとしかいなかったのです。そして、それが、今は、四百数十支部、布教所《ふきょうじょ》もすでに一万カ所近くあります(説法《せっぽう》当時)。そして、海外まで広がっていて、海外のいろいろな災難救助に手を貸すところまで来ているのです。

そうした「自分たちの歴史に対して自信を持つこと」が大事です。

これから、この規模を何倍にする、あるいは十倍にするというようなことは、今

までの道のりに比べれば、そう難しいことではないと私は思います。

みなさんが心を合わせ、そして、一つの方向に向かって力強く突《つ》き進むかぎり、前進あるのみだと思うのです。

初転法輪の地で、ときどき、「やっぱり、法輪《ほうりん》を転じるぞ」と、そういう心を固め、決意を固めることです。

法輪《ほうりん》を転じる過程において、魔《ま》を降《くだ》していく

「法輪《ほうりん》」というのは、釈迦《しゃか》在世当時のインドの戦車のようなものなのです。日本人から見れば大八車《だいはちぐるま》のようなものですが、馬につないだ戦車です。戦車のようなものですが、これを法輪のデザインに使っているのです。

そのように、悪を踏《ふ》みしだいて突き進んでいく。この世の無明《むみょう》を打ち砕《くだ》きながら進んでいく。これが「法輪を転じる」ということです。

そして、法輪を転じる過程において、降魔《ごうま》、「魔を降《くだ》していく」ということです。

今、われらは法輪を転じています。

選挙運動もそうです。これも、やはり法輪を転じているのです。まだ無明の人たちに気づかせるために、今、やっているところがあるのです。

まだ気がつかない人たちに気づいてもらうためにやっていると、よいこともあるのです。

先日、渋谷《しぶや》で若者にアンケートを取ったら、幸福実現党の知名度は八十パーセントぐらいあって、幸福の科学の知名度は、恥《は》ずかしながら二十パーセントだったというようなことがありました。

おそらく、渋谷の若者は本を読んでいないということでしょう。本を読んでいないので、幸福の科学のほうは二十パーセントでしたが、幸福実現党が八十パーセントの知名度で、「いつもやっているでしょう」などと言われたようなので、宗教のほうも負けてはいられません。両方ともやらなければいけないのです。

「人を救う」という活動の原点を確認し、日々の精進《しょうじん》に努めよ

法輪を転じていくことは大事なことです。

今、私の理想に近づきつつあると思います。あるいは、思いのほか結論は近づいているのではないでしょうか。

幸福の科学は、慎重すぎるきらいがある教団ではあるのですが、実績そのものは、思ったよりも進んでいくことが多いということです。

ですから、原点を忘れかけた人は、この初転法輪記念館に立ち寄り、もう一度、伝道を発願《ほつがん》し直して、「これは世直しのため、人を救うための活動であるのだ」と、原点を再確認して出発することです。

「こんな小さなところから始まったのだ」ということに対し、もう一度、霊的《れいてき》な覚醒《かくせい》、目覚めを得ていただきたいと思います。

この〝小さな部屋〟に、全国から、そして、外国からも人がやって来て、そうし

た初転法輪を偲《しの》ぶことになるでしょう。

みなさんも、そうしたことを誇《ほこ》りに思い、日々の精進《しょうじん》に努めてくださることを、心より祈念《きねん》してやみません。

あとがき

当日、二時間半立ちっぱなしで、講演の直後、十四人の質問に答えている。資本金ゼロ、無収入の宗教家の第一声である。当日の会場も無料で借りている。

今、入局してくる幸福の科学の職員は、遠い昔話のように感じられるだろう。人は成長するものだ。その職業が宗教家であっても、数限りない悟りが積み重なっている。

組織も限りなく成長を目指していくものだ。いけるところまで行ってみよう。

今、幸福の科学は、仏教、キリスト教、イスラム教、日本神道のすべてを乗り越えていこうとしている。

小さな源流が、世界の潮流《ちょうりゅう》となり、新しい歴史の始まりとなるだろう。私は喜んで、新しい文明のための一粒《ひとつぶ》の麦《むぎ》となって、この大地に命をささげよう。

二〇二〇年　八月二十二日

幸福《こうふく》の科学《かがく》グループ創始者兼総裁《そうししゃけんそうさい》　大川隆法《おおかわりゅうほう》

『われ一人立つ。大川隆法第一声』関連書籍

『太陽の法』（大川隆法 著　幸福の科学出版刊）
『黄金の法』（同右）
『永遠の法』（同右）
『正義の法』（同右）
『伝道の法』（同右）
『幸福の科学の十大原理（上・下巻）』（同右）
『不成仏の原理——霊界の最澄に訊く——』（同右）
『ローマ教皇フランシスコ守護霊の霊言』（同右）

われ一人立《ひとりた》つ。大川隆法第一声《おおかわりゅうほうだいいっせい》

――幸福の科学発足記念座談会――

2020年 9 月14日　初版第 1 刷

著　者　　大《おお》 川《かわ》 隆《りゅう》 法《ほう》

発行所　　幸福の科学出版株式会社

〒107-0052 東京都港区赤坂 2 丁目 10 番 8 号

TEL(03)5573-7700

https://www.irhpress.co.jp/

印刷・製本　株式会社 堀内印刷所

落丁・乱丁本はおとりかえいたします

ISBN978-4-8233-0217-6 C0014

カバー ANUJAK JAIMOOK/Shutterstock.com

主のご説法、
第一声の聖地

初転法輪《しょてんぼうりん》記念館

──主エル・カンターレの伝道の原点──

大川隆法総裁が第一声を発したご説法の会場は、2010年に「初転法輪記念館」として落慶し、当時の様子を再現して公開しています。

限定祈願として
「『初転法輪の地・伝道発願《ほつがん》祈願』
──仏陀特別御来臨《ごらいりん》──」
が下賜《かし》されています。

〒116-0013　東京都荒川区西日暮里 2-9-11　Tel.03-3803-7077

幸福の科学の十大原理
（上巻・下巻）

世界110カ国以上に信者を有する「世界教師」の初期講演集が新装復刻。幸福の科学の原点であり、いまだその生命を失わない救世の獅子吼が、ここに甦る。

各1,800円

※表示価格は本体価格（税別）です。

大川隆法ベストセラーズ・真実の悟りを求めて

大悟の法

常に仏陀と共に歩め

「悟りと許し」の本論に斬り込んだ、著者渾身の一冊。分かりやすく現代的に説かれた教えは人生の疑問への結論に満ち満ちている。

2,000円

永遠の仏陀

不滅の光、いまここに

すべての者よ、無限の向上を目指せ——。大宇宙を創造した久遠仏が、生きとし生ける存在に託された願いとは。

1,800円

漏尽通力

現代的霊能力の極致

高度な霊能力の諸相について語った貴重な書を、秘蔵の講義を新規収録した上で新装復刻! 神秘性と合理性を融合した「人間完成への道」がここにある。

1,700円

観自在力

大宇宙の時空間を超えて

釈尊を超える人類史上最高の「悟り」と「霊能力」を解き明かした比類なき書を新装復刻。宗教と科学の壁を超越し、宇宙時代を拓く鍵が、ここにある。

1,700円

※表示価格は本体価格(税別)です。

大川隆法シリーズ・**最新刊**

魔法と呪術の可能性とは何か

魔術師マーリン、ヤイドロン、役小角の霊言

英国史上最大の魔術師と、日本修験道の祖が解き明かす「スーパーナチュラルな力」とは？ 宗教発生の原点、源流を明らかにし、唯物論の邪見を正す一書。

1,400円

映画「夜明けを信じて。」が描く「救世主の目覚め」

仏陀、中山みきの霊言

降魔成道、大悟、救世主として立つ──。後世への最大遺物と言うべき、「現代の救世主」の目覚めの歴史的瞬間を描いた映画の「創作の秘密」が明かされる。

1,400円

米大統領選 バイデン候補とトランプ候補の守護霊インタビュー

親中思想のバイデン氏か、神の正義を貫くトランプ氏か？ 2人の候補者の本心を独占インタビュー。メディアでは知り得ない米大統領選の真実がここに。

1,400円

公開霊言　魯迅の願い 中国に自由を

今こそ、「自由・民主・信仰」の価値観を中国に──。中国近代文学の父・魯迅が、母国への憂国の想いを語る。秦の始皇帝・洞庭《どうてい》湖《ご》娘娘《ニャンニャン》の霊言を同時収録。

1,400円

※表示価格は本体価格（税別）です。

幸福の科学出版

ドキュメンタリー映画
奇跡との出会い。
―心に寄り添う。3―
それは、
あなたの人生にも起こる。
末期ガン、白血病、
心筋梗塞、不慮の事故――
医者も驚く奇跡現象を体験した人びと。
その真実を描いた感動のドキュメンタリー。
インパクトドキュメンタリー映画賞
（サンディエゴ）
2020下半期 長編ドキュメンタリー部門
特別功労賞
国際インディペンデント映画賞
（ロサンゼルス）
2020春期 長編ドキュメンタリー部門
ゴールド賞
国際インディペンデント映画賞
（ロサンゼルス）
2020春期 コンセプト部門
ゴールド賞
企画／大川隆法
出演／希島 凜　市原綾真　監督／奥津貴之　音楽／水澤有一
製作／ARI Production　製作協力／ニュースター・プロダクション　配給／日活　配給協力／東京テアトル　©2020 ARI Production
8月28日（金）公開
HELLO! MOVIE方式による
音声ガイド・日本語字幕対応
G
20086-A

夜明けを信じて。
すべてを捨て、ただ一人往く。
製作総指揮・原作 大川隆法

幸福の科学グループのご案内

宗教、教育、政治、出版などの活動を通じて、地球的ユートピアの実現を目指しています。

幸福の科学

一九八六年に立宗。信仰の対象は、地球系霊団の最高大霊、主エル・カンターレ。世界百十カ国以上の国々に信者を持ち、全人類救済という尊い使命のもと、信者は、「愛」と「悟り」と「ユートピア建設」の教えの実践、伝道に励んでいます。

（二〇二〇年八月現在）

愛

幸福の科学の「愛」とは、与える愛です。これは、仏教の慈悲《じひ》や布施《ふせ》の精神と同じことです。信者は、仏法真理をお伝えすることを通して、多くの方に幸福な人生を送っていただくための活動に励んでいます。

悟り

「悟り」とは、自らが仏の子であることを知るということです。教学《きょうがく》や精神統一によって心を磨き、智慧《ちえ》を得て悩みを解決すると共に、天使・菩薩《ぼさつ》の境地を目指し、より多くの人を救える力を身につけていきます。

ユートピア建設

私たち人間は、地上に理想世界を建設するという尊い使命を持って生まれてきています。社会の悪を押しとどめ、善を推し進めるために、信者はさまざまな活動に積極的に参加しています。

国内外の世界で貧困や災害、心の病で苦しんでいる人々に対しては、現地メンバーや支援団体と連携して、物心両面にわたり、あらゆる手段で手を差し伸べています。

年間約２万人の自殺者を減らすため、全国各地で街頭キャンペーンを展開しています。

公式サイト **www.withyou-hs.net**

自殺防止相談窓口
受付時間　火～土:10～18時（祝日を含む）

TEL **03-5573-7707**　メール **withyou-hs@happy-science.org**

ヘレン・ケラーを理想として活動する、ハンディキャップを持つ方とボランティアの会です。視聴覚障害者、肢体不自由な方々に仏法真理を学んでいただくための、さまざまなサポートをしています。

公式サイト **www.helen-hs.net**

入会のご案内

幸福の科学では、大川隆法総裁が説く仏法真理《ぶっぽうしんり》をもとに、「どうすれば幸福になれるのか、また、他の人を幸福にできるのか」を学び、実践しています。

入会

仏法真理を学んでみたい方へ

大川隆法総裁の教えを信じ、学ぼうとする方なら、どなたでも入会できます。入会された方には、『入会版「正心法語《しょうしんほうご》」』が授与されます。

ネット入会　入会ご希望の方はネットからも入会できます。
happy-science.jp/joinus

三帰《さんき》誓願《せいがん》

信仰をさらに深めたい方へ

仏弟子としてさらに信仰を深めたい方は、仏《ぶっ》・法《ぽう》・僧《そう》の三宝《さんぽう》への帰依を誓う「三帰誓願式」を受けることができます。三帰誓願者には、『仏説・正心法語』『祈願文《きがんもん》①』『祈願文②』『エル・カンターレへの祈り』が授与されます。

幸福の科学 サービスセンター
TEL 03-5793-1727
受付時間／
火～金：10～20時
土・日祝：10～18時
（月曜を除く）

幸福の科学 公式サイト
happy-science.jp

ハッピー・サイエンス・ユニバーシティ

Happy Science University

ハッピー・サイエンス・ユニバーシティとは

ハッピー・サイエンス・ユニバーシティ（HSU）は、大川隆法総裁が設立された「現代の松下村塾」であり、「日本発の本格私学」です。建学の精神として「幸福の探究と新文明の創造」を掲げ、チャレンジ精神にあふれ、新時代を切り拓く人材の輩出を目指します。

人間幸福学部　経営成功学部　未来産業学部

HSU長生キャンパス TEL **0475-32-7770**

〒299-4325　千葉県長生郡長生村一松丙 4427-1

未来創造学部

HSU未来創造・東京キャンパス

TEL **03-3699-7707**

〒136-0076　東京都江東区南砂2-6-5　公式サイト **happy-science.university**

学校法人 幸福の科学学園

学校法人 幸福の科学学園は、幸福の科学の教育理念のもとにつくられた教育機関です。人間にとって最も大切な宗教教育の導入を通じて精神性を高めながら、ユートピア建設に貢献する人材輩出を目指しています。

幸福の科学学園

中学校・高等学校（那須本校）

2010年4月開校・栃木県那須郡（男女共学・全寮制）

TEL **0287-75-7777** 公式サイト **happy-science.ac.jp**

関西中学校・高等学校（関西校）

2013年4月開校・滋賀県大津市（男女共学・寮及び通学）

TEL **077-573-7774** 公式サイト **kansai.happy-science.ac.jp**

仏法真理塾「サクセスNo.1」

全国に本校・拠点・支部校を展開する、幸福の科学による信仰教育の機関です。小学生・中学生・高校生を対象に、信仰教育・徳育にウエイトを置きつつ、将来、社会人として活躍するための学力養成にも力を注いでいます。

TEL 03-5750-0751（東京本校）

エンゼルプランV

東京本校を中心に、全国に支部教室を展開しています。信仰に基づいて、幼児の心を豊かに育む情操教育を行っています。また、知育や創造活動を通して、子どもの個性を大切に伸ばし、天使に育てる幼児教室です。

TEL 03-5750-0757（東京本校）

不登校児支援スクール「ネバー・マインド」

TEL 03-5750-1741

心の面からのアプローチを重視して、不登校の子供たちを支援しています。

ユー・アー・エンゼル！（あなたは天使！）運動

障害児の不安や悩みに取り組み、ご両親を励まし、勇気づける、障害児支援のボランティア運動を展開しています。

一般社団法人 ユー・アー・エンゼル

TEL 03-6426-7797

NPO活動支援

いじめから子供を守ろうネットワーク

学校からのいじめ追放を目指し、さまざまな社会提言をしています。また、各地でのシンポジウムや学校への啓発ポスター掲示等に取り組む一般財団法人「いじめから子供を守ろうネットワーク」を支援しています。

公式サイト mamoro.org　ブログ blog.mamoro.org

相談窓口 TEL.03-5544-8989

百歳まで生きる会

「百歳まで生きる会」は、生涯現役人生を掲げ、友達づくり、生きがいづくりをめざしている幸福の科学のシニア信者の集まりです。

シニア・プラン21

生涯反省で人生を再生・新生し、希望に満ちた生涯現役人生を生きる仏法真理道場です。定期的に開催される研修には、年齢を問わず、多くの方が参加しています。
全世界212カ所（国内197カ所、海外15カ所）で開校中。

【東京校】 TEL 03-6384-0778　FAX 03-6384-0779
メール senior-plan@kofuku-no-kagaku.or.jp

幸福実現党

内憂外患《ないゆうがいかん》の国難に立ち向かうべく、2009年5月に幸福実現党を立党しました。創立者である大川隆法党総裁の精神的指導のもと、宗教だけでは解決できない問題に取り組み、幸福を具体化するための力になっています。

幸福実現党 釈量子サイト **shaku-ryoko.net**
Twitter **釈量子@shakuryokoで検索**

党の機関紙
「幸福実現党NEWS」

幸福実現党　党員募集中

あなたも幸福を実現する政治に参画しませんか。

- ○幸福実現党の理念と綱領、政策に賛同する18歳以上の方なら、どなたでも参加いただけます。
- ○党費：正党員（年額5千円［学生 年額2千円］）、特別党員（年額10万円以上）、家族党員（年額2千円）
- ○党員資格は党費を入金された日から1年間です。
- ○正党員、特別党員の皆様には機関紙「幸福実現党NEWS（党員版）」（不定期発行）が送付されます。

＊申込書は、下記、幸福実現党公式サイトでダウンロードできます。
住所：〒107-0052　東京都港区赤坂2-10-8 6階 幸福実現党本部
TEL **03-6441-0754**　FAX **03-6441-0764**
公式サイト **hr-party.jp**

幸福の科学出版

大川隆法総裁の仏法真理の書を中心に、ビジネス、自己啓発、小説など、さまざまなジャンルの書籍・雑誌を出版しています。他にも、映画事業、文学・学術発展のための振興事業、テレビ・ラジオ番組の提供など、幸福の科学文化を広げる事業を行っています。

アー・ユー・ハッピー?
are-you-happy.com

ザ・リバティ
the-liberty.com

幸福の科学出版
TEL **03-5573-7700**
公式サイト **irhpress.co.jp**

THE FACT

ザ・ファクト
マスコミが報道しない
「事実」を世界に伝える
ネット・オピニオン番組

ザ・ファクト 検索

NEW STAR PRODUCTION

ニュースター・プロダクション

「新時代の美」を創造する芸能プロダクションです。多くの方々に良き感化を与えられるような魅力あふれるタレントを世に送り出すべく、日々、活動しています。 公式サイト **newstarpro.co.jp**

ARI Production

ARI《アリ》 Production《プロダクション》

タレント一人ひとりの個性や魅力を引き出し、「新時代を創造するエンターテインメント」をコンセプトに、世の中に精神的価値のある作品を提供していく芸能プロダクションです。 公式サイト **aripro.co.jp**

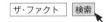

大川隆法　講演会のご案内

大川隆法総裁の講演会が全国各地で開催されています。講演のなかでは、毎回、「世界教師」としての立場から、幸福な人生を生きるための心の教えをはじめ、世界各地で起きている宗教対立、紛争、国際政治や経済といった時事問題に対する指針など、日本と世界がさらなる繁栄の未来を実現するための道筋が示されています。

2019年12月17日 さいたまスーパーアリーナ「新しき繁栄の時代へ」

2019年10月6日 ザ ウェスティン ハーバーキャッスル トロント（カナダ）「The Reason We Are Here」

2019年7月5日 福岡国際センター「人生に自信を持て」

2019年3月3日 グランド ハイアット 台北（台湾）「愛は憎しみを超えて」

2019年7月13日 ホテル イースト21 東京「幸福への論点」

講演会には、どなたでもご参加いただけます。
最新の講演会の開催情報はこちらへ。⟹

大川隆法総裁公式サイト
https://ryuho-okawa.org